建设高标准基本农田
保障国家粮食安全

——贯彻实施全国土地整治规划
加快建设高标准基本农田现场会议专辑

王世元　　张少春　主编

中国大地出版社
·北　京·

图书在版编目（CIP）数据

建设高标准基本农田　保障国家粮食安全：贯彻实施全国土地整治规划，加快建设高标准基本农田现场会议专辑／王世元，张少春主编. — 北京：中国大地出版社，2012.9

ISBN 978 - 7 - 80246 - 550 - 3

Ⅰ．①建…　Ⅱ．①王…②张…　Ⅲ．①土地整理—研究—中国②土地规划—研究—中国　Ⅳ．①F321.1

中国版本图书馆 CIP 数据核字（2012）第 202396 号

JIANSHE GAOBIAOZHUN JIBEN NONGTIAN BAOZHANG GUOJIA LIANGSHI ANQUAN

责任编辑：赵　芳　韩　娟
责任校对：王　瑛
出版发行：中国大地出版社
社址邮编：北京市海淀区学院路 31 号　　100083
电　　话：010 - 82324508（邮购部）　　010 - 82329125（编辑部）
传　　真：010 - 82310759
网　　址：www. chinalandpress. com 或 www. 中国大地出版社. 中国
印　　刷：北京天成印务有限责任公司
开　　本：787mm × 960mm　　1/16
印　　张：14.5
字　　数：190 千字
印　　数：1—2200 册
版　　次：2012 年 9 月北京第 1 版
印　　次：2012 年 9 月北京第 1 次印刷
书　　号：ISBN 978 - 7 - 80246 - 550 - 3
定　　价：58.00 元

《建设高标准基本农田　保障国家粮食安全》

编 辑 委 员 会

把握规律　创新机制
努力提高土地整治工作水平

——在贯彻实施全国土地整治规划加快建设
高标准基本农田现场会上的讲话

为了贯彻实施国务院批准的《全国土地整治规划（2011～2015年)》，加快推进高标准基本农田建设，国土资源部联合财政部召开这次现场会。近年来，各地在土地整治、高标准基本农田建设方面做了大量工作，积累了丰富经验，召开现场会的目的就是通过大家研究讨论、考察观摩、交流经验，更好地推进"十二五"期间全国土地整治工作。各省（区、市）国土资源管理部门一定要按照会议部署，把土地整治工作抓好，抓出实效。借这个机会，我谈五点意见。

一、土地整治工作实现了重大转变，成效和作用都十分明显

"十一五"期间，土地整治工作得到了广泛开展和深入推进，实现了重大转变，成效和作用都十分明显。"十一五"期间，土地整治工作最大的特点就是"规模扩张、内涵延伸、品质提升"，实现了重大转变。从土地整治范围看，从以项目安排为主转向了重大工程的组织实施，实现了从单纯项目安排向重大工程、示范省建设和一般项目安排相结合的转变。截至2012年6月，已批准了10个土地整治重大工程项目，规模都在百万亩以上，正在审核待批的还有一批重大项目；开展了10个土地整治示

范省建设。从土地整治内容看，从增加耕地数量转向了田、水、路、林、村综合整治，实现了从单纯的补充耕地数量为主，向增加耕地数量、提高耕地质量、改善生态环境和农村生产生活条件相结合的转变。总体来看，土地整治规模扩张、内涵延伸、品质提升，土地整治工作发生了重大转变，提升到了一个新水平，收到了明显成效，发挥了重大作用。简单地说，就是促进了农业增效、农村发展、农民增收，受到了广大农民和农村干部的拥护和欢迎。我们应该看到这个重大转变，看到积极的成效，坚定信心，扎实推进"十二五"期间土地整治工作。

二、顺应发展趋势，把服务"三农"作为土地整治、高标准基本农田建设的着力点

今后一个时期，是全面建设小康社会的关键时期，是深化改革开放、转变经济发展方式的攻坚时期，也是重要的战略机遇期。2011年，我国人均GDP已经超过5000美元，城镇化率已经突破50%，按照通行说法，我国的发展现在正面临"中等收入陷阱"。要避免这个"陷阱"，最重要的是两项工作：一个是农村发展；一个是结构优化。农村发展很重要的就是突破城乡二元体制。中央政府对我国经济社会发展趋势作出的总体判断是，我国已整体进入以城带乡、以工补农的发展阶段。但是，我们必须看到，经济社会发展依靠规模扩张、资源投入的路径依赖仍然不同程度地存在。就土地资源来看，城市和农村居住用地规模都在扩张，挤占的都是耕地。这种情势下，耕地如何保护，城镇化建设用地从哪里来，新农村建设的资金又从哪里来，是无法回避的现实问题。

"十一五"期间，我们坚持最严格的耕地保护制度和最严格的节约用地制度，积极推进土地整治，优化城乡用地结构，转变土地利用方式，把着力点放在服务"三农"上，有力地促进了耕地保护和土地的节约集约利用，已经成为新农村建设、城镇化建设和城乡统筹很好的抓手和平台。土地整治、高标准基本农田建设之所以能发挥积极作用，关键就在于始终坚持以服务"三农"为着力点，积极探索一条不以牺牲耕地和粮食、生态和环境为代价的工业化、城镇化、农业现代化协调发展的新路子。

"十二五"时期的发展是新农村建设和城镇化建设"双轮"驱动的城乡统筹发展。要实现保障发展和保护耕地的"双保"目标，必须大力推进土地整治、加快建设高标准基本农田，促进耕地保护由"重管控耕地占用"向"管控和建设并重"转变。"十一五"时期的实践证明，土地整治与城乡建设用地增减挂钩相结合的方向完全正确，但不能走偏。城乡建设用地增减挂钩主要是调整和优化建设用地布局和结构，建设用地总量没有增加。要坚决遏制通过土地整治和城乡建设用地增减挂钩单纯追求建设用地指标、忽视耕地整治、强迫农民上楼等现象的发生。2011 年，我们对各地城乡建设用地增减挂钩试点和农村土地整治进行了全面清理检查，并对下一步工作提出了明确要求。"十二五"时期的土地整治工作必须依然坚持为"三农"服务的正确方向，绝对不能走偏，绝对不能片面追求建设用地指标。

三、遵循客观规律，与经济社会发展进程和农村自身发展要求相适应，积极稳妥推进土地整治、高标准基本农田建设

土地整治，从狭义层面看，是通过田、水、路、林、村综合整治，加强农业基础设施建设，改善农村生产条件和农民生活条件；从广义层面看，结合农村土地整治，对散乱、废弃建设用地进行统一开发治理，就会涉及土地要素的流转、资源与资本的转换、农业人口的转移和农村经济社会结构的优化。目前，土地整治已经成为统筹城乡发展的重要平台，但城乡统筹和城乡一体化需要一定条件，需要经历一个漫长复杂的进程，有其自身发展的客观规律，绝对不可能一蹴而就。一些地方的城镇化率比较低，希望能够在短时间内较快地提高城镇化程度，愿望是好的，但我国地域辽阔，各地经济社会发展水平、自然资源禀赋和社会发展阶段都存在巨大差异，土地整治工作必须遵循客观规律,与当地经济社会发展进程和农村自身发展要求相适应,把握好规模和节奏,充分尊重农民意愿,绝对不能不顾条件、急推冒进,要坚持因地制宜、量力而行。

"十一五"时期,各地的土地整治实践已经证明,凡是结合自身特点,顺应城乡经济社会发展规律,有序开展工作的地方,土地整治就取得了显著的经济社会综合效益,成为保障发展和保护资源的有效举措;凡是不顾条件,急推冒进的地方,就容易产生片面追求增加城镇建设用地指标、违背农民意愿强拆强建等问题。因此,我们必须认真总结"十一五"时期各地土地整治的成功经验,吸取教训,理清思路,切实把握经济社会发展的客观规律,有序推进土地整治工作。

农村耕地细碎,村庄小、布局散,给政府推行公共服务,特别是农村公共服务均等化带来了很大挑战,这是各地开展土地整治积极性高的现实原因。但是,必须看到我国土地整治的地域差异大的现实情况。西部地区要以扶贫和生态移民为重点;中部地区的重点则是耕地保护和提高耕地质量,以及新农村建设;东部发达地区主要着眼于城乡统筹和城乡一体化。另外,农村建设用地整治项目要优先安排在城乡接合部、经济比较发达地区和大量"空心村"存在的地方,这就是结合实际、因地制宜。总之,一句话,就是要遵循客观规律、尊重农民意愿,把握好规模和节奏,有序推进和落实土地整治和高标准基本农田建设。

四、创新体制机制,确保土地整治、高标准基本农田建设持续推进

经济社会发展新形势不断对加强和改进土地整治工作提出新要求,需要我们认真总结梳理"十一五"时期以来土地整治工作的经验、做法和问题,在创新体制机制上做好文章。现在,我们单靠增加建设用地的"增量"已经难以解决问题,必须在"存量"上做文章,要超前部署,深化改革创新,做好政策储备,加快新制度供给,发挥好制度"红利",盘活存量土地,解决供需矛盾。

创新土地整治的体制机制，一是要搭建好"农村集体经济组织和农民为主体、政府主导、国土搭台、部门参与、统筹规划、整合资金"的工作机制，形成土地整治合力。二是要建立健全土地整治经济激励机制，加大中央和地方财政转移支付力度，完善新增建设用地土地有偿使用费分配制度，加大对基本农田保护和补充耕地重点地区的支持力度，综合运用经济补贴等手段调动各方参与土地整治的积极性。三是要探索实行"以补代投、以补促建、先建后补"的土地整治模式，积极探索引入社会资本、民间资本参与土地整治，特别是散乱、废弃、闲置的村庄建设用地整治。

五、维护农民权益，通过土地整治、高标准基本农田建设让农民受益

土地整治工作必须以维护农民权益为出发点和落脚点。在土地整治过程中，要充分尊重农民意愿，听取农民意见，不能擅自做主，更不能强迫农民，侵害农民权益。对此，中央领导同志最为关注，而且明确要求通过法律制度的建立和完善来保护好农民权益。目前，《国有土地上房屋征收补偿条例》已经实施，《集体土地征收条例》正在研究制定，2012 年下半年还要提出《中华人民共和国土地管理法》修正案，这些法律法规的修订有利于更好地促进土地整治工作。

关于维护农民权益，有几个问题十分重要。一是通过城乡建设用地增减挂钩增加的耕地如何分配。现在有的地方增加的耕地归集体经济组织，有的地方一部分留给农民，一部分留给集体经济组织。二是通过土地整治节余的建设用地指标如何分配。我们一直强调，首先要用于农村基础设施和公共服务配套设施建设，其次要留足农村自身发展用地，再次调剂到乡镇、县城使用。个别地方调剂到级差收益较大的地区使用。各地做法不一，但是都应该坚持维护农民权益的原则，结合实际进行探索。三是土地级差收益如何分配。这个问题更为敏感，更需要在坚持保护农民权益的前提下进行探索，尽量将土地级差收益返还农村、农民。

另外，在土地整治特别是村庄建设用地整治过程中，土地整治规划编制、工程建设都要充分征求农民意见，真正使农民成为土地整治的主力军。这样，土地整治将更加受到农民的欢迎，更加切合实际，更加符合农民改善生产生活条件的愿望和需求。

国土资源部部长
国家土地总督察

目　录

规划解读

典型经验

全 国 规 划

QuanGuo GuiHua

国务院关于全国土地整治规划
（2011～2015 年）的批复

国函〔2012〕23 号

各省、自治区、直辖市人民政府，国土资源部、发展改革委、财政部、环境保护部、住房城乡建设部、水利部、农业部、林业局：

国土资源部《关于审批〈全国土地整治规划（2011～2015 年）的请示〉》（国土资发〔2011〕165 号）收悉。现批复如下：

一、原则同意《全国土地整治规划（2011～2015 年）》（以下简称《规划》），由国土资源部发布实施。

二、土地整治是优化土地利用结构、促进耕地保护、提高节约集约用地水平的重要手段，是统筹经济社会发展和土地资源保护、落实最严格土地管理制度的重要举措。做好土地整治工作，对统筹城乡发展、促进新农村建设、保持经济社会平稳较快发展具有重要意义。

三、通过实施《规划》，到 2015 年，再建成 4 亿亩❶旱涝保收的高标准基本农田，通过农田整治、宜耕后备土地开发和损毁土地复垦补充耕地 2400 万亩，进一步夯实农业现代化基础；积极稳妥推进村庄土地整治，严格规范城乡建设用地增减挂钩试点，整治农村散乱、废弃、闲置和低效建设用地 450 万亩，优化城乡建设用地布局和结构；全面推进旧城镇、旧厂

---

❶ 1 亩≈666.67 平方米。

矿改造和城市土地二次开发，切实提高土地节约集约利用水平；全面推进生产建设新损毁土地全面复垦和自然灾害损毁土地及时复垦、历史遗留损毁土地复垦率达到35%以上，进一步保护和改善生态环境，保障土地可持续利用。

四、地方各级人民政府要加强组织领导、周密部署，依据上一级土地整治规划确定的目标和任务，加快本行政区域土地整治规划编制和实施工作，大力推进旱涝保收高标准基本农田建设，全面落实《规划》提出的土地整治目标任务。涉及土地整治活动的相关规划，应与土地整治规划做好衔接，确保规划有效实施。

五、国土资源部要会同有关部门和地方认真落实《规划》提出的各项任务，不断完善相关规章制度，建立公众参与机制，强化重点工程监管，确保《规划》目标任务实现。

中华人民共和国国务院
二〇一二年三月十六日

国土资源部关于发布实施《全国土地整治规划（2011～2015年）》的通知

国土资发〔2012〕55号

各省、自治区、直辖市及计划单列市国土资源主管部门，新疆生产建设兵团国土资源局：

《全国土地整治规划（2011～2015年）》（以下简称《规划》）已经国务院批复。现将《国务院关于全国土地整治规划（2011～2015年）的批复》（国函〔2012〕23号）和《规划》印发给你们，请认真贯彻落实。

中华人民共和国国土资源部
二〇一二年三月二十七日

全国土地整治规划（2011～2015年）

前　言

为了深入贯彻科学发展观，落实党中央、国务院关于积极稳妥推进土地整治的精神，促进耕地保护和节约集约用地，推进新农村建设和城乡统筹发展，依据《土地管理法》、《国民经济和社会发展第十二个五年规划纲要》和《全国土地利用总体规划纲要（2006～2020年）》，在编制实施《全国土地开发整理规划（2001～2010年）》的基础上，制定《全国土地整治规划（2011～2015年）》（以下简称《规划》）。

《规划》主要阐明国家土地整治战略，确定未来五年土地整治的指导思想和基本原则与目标任务，明确土地整治重点区域，统筹安排土地整治重大工程和示范建设，明确规划实施的保障措施，是指导全国土地整治工作的纲领性文件，是规范有序开展土地整治工作的基本依据，是各地大规模建设和保护旱涝保收高标准基本农田的基本依据。

《规划》以2010年为基期，2015年为规划目标年。规划范围未包括香港特别行政区、澳门特别行政区和台湾省。

第一章　土地整治面临的形势

第一节　土地整治取得的成就

1997 年，《中共中央、国务院关于进一步加强土地管理切实保护耕地的通知》（中发〔1997〕11 号）提出："积极推进土地整理，搞好土地建设。"1999 年修订的《中华人民共和国土地管理法》明确规定："国家鼓励土地整理。"为了贯彻落实《土地管理法》规定和党中央、国务院要求，2001 年，国土资源部会同有关部门组织编制了《全国土地开发整理规划（2001～2010 年）》。10 年来，特别是"十一五"时期，各地各部门密切配合、积极推进，土地整治工作不断发展，在保护耕地和节约用地、促进新农村建设和城乡统筹发展等方面发挥了重要作用，取得了显著成效。

——促进了耕地保护和旱涝保收高标准基本农田建设，保障了国家粮食安全。2001 年以来，通过土地整治，新增耕地 276.1 万公顷（4142 万亩），超过同期建设占用和自然灾害损毁的耕地面积，保证了全国耕地面积基本稳定，对坚守 18 亿亩耕地红线发挥了重要作用。同时，建成高产稳产基本农田超过 1333.3 万公顷（2 亿亩），其中"十一五"时期 1066.7 万公顷（1.6 亿亩），新修建排灌沟渠 493 万公里❶，建成田间道路 460 万公里，经整理的耕地平均亩产提高 10%～20%，实现新增粮食产能 130 多亿斤❷，农田机械化耕作水平、排灌能力和抵御自然灾害的能力显著提高，农业生产条件明显改善，促进了新增千亿斤粮食工程的实施，保障了粮食连年增产。

---

❶　1 公里 = 1 千米。
❷　1 斤 = 0.5 千克。

——优化了土地利用布局，促进了城乡统筹发展。通过开展农村建设用地整治，既增加了耕地面积，又优化了城乡用地结构和布局，拓展了城乡发展空间。利用节约出来的一部分农村建设用地，依法依规发展乡镇企业和非农产业，壮大了集体经济；通过实施城乡建设用地增减挂钩试点，并按有关规定将农村建设用地整治节余的建设用地指标在县域内调剂使用，获得的建设用地增减挂钩指标收益返还农村，有力地促进了新农村建设和城乡统筹发展。2006 年以来，通过城乡建设用地增减挂钩，实际复垦还耕面积 9.9 万公顷（148.1 万亩），实际建新占用耕地面积 7.6 万公顷（113.7 万亩），确保了耕地面积有增加，建设用地总量有减少、布局更合理。

——改善了农村生产生活条件，促进了农民增收、农业增效和农村发展。土地整治改善了农业生产条件，促进了农业规模化、产业化经营，降低了农业生产成本，增加了农民务农收入。"十一五"期间，通过土地整治，农民人均收入年均增加 700 余元，仅农民参加土地整治工程一项的劳务所得全国合计就超过了 150 亿元。通过村庄整治，改善了农村散、乱、差的面貌，农民居住条件、农村基础设施和公共服务设施大为改善，生活水平逐步提高。

——改善了土地生态环境，促进了生态文明建设。通过采取工程、生物等整治措施，控制了土地沙化、盐碱化，减轻了水土流失，提高了土地生态涵养能力。通过工矿废弃地复垦，改善了矿山生态环境，"十一五"时期，全国复垦了 15% 的工矿废弃地。通过禁止生产使用实心粘土砖，关停粘土砖企业，并加强土地复垦，促进了土地节约集约利用。通过推进农民住宅向镇区和中心村集中、工业向园区集中、土地向适度规模经营集中，减少了生活污水和生活垃圾的排放，增强了工业废水、废气、废渣处理能力，提高了能源使用效率，保护并改善了生态环境。

——形成了良好的工作格局，奠定了土地整治持续发展的基础。探索完善土地整治组织方式，形成了"政府主导、国土搭台、部门联动、群众参与、整合资源、整体推进"的工作机制；加强土地整治规范和标准建设，先后颁布《土地开发整理规划编制规程》、《土地开发整理项目规划设计规范》、《土地开发整理工程建设标准》等技术规范；部署开展农村土地所有权登记发证工作，并依托土地利用"一张图"工程建立了土地整治监管平台，全面加强耕地数量、质量、权属管理和动态监管；制定了一系列规章制度，完善土地整治专项资金使用管理；加强了队伍建设，截至 2010年，31 个省（区、市）和新疆生产建设兵团成立县级以上土地整治机构2060 个。土地整治工作基本形成了规划体系比较完善、资金使用比较规范、科技支撑有力、全面全程监管的工作格局，为持续深入推进土地整治奠定了坚实基础。

第二节 "十二五"时期面临的形势

土地是人类生存和发展的重要物质基础，土地问题始终是现代化进程中一个带有全局性、战略性、根本性的问题，加强和改进土地管理，对确保经济社会全面协调可持续发展具有十分重要的意义。党的十七届三中全会通过的《中共中央关于推进农村改革发展若干重大问题的决定》指出："我国总体上已进入以工促农、以城带乡的发展阶段，进入加快改造传统农业、走中国特色农业现代化道路的关键时刻，进入着力破除城乡二元结构，形成城乡经济社会发展一体化新格局的重要时期。""十二五"时期是全面建设小康社会的关键时期，是深化改革开放、加快转变经济发展方式的攻坚时期，也是资源环境约束加剧的矛盾凸显期。我国人多地少的基本国情没有改变，随着工业化、城镇化和农业现代化同步加快推进，用地供求矛盾将更加突出，耕地保护和节约用地任务更加艰巨。在新形势下，必须将保护耕地、节约集约用地放到国家发展改革全局的重要战略地位，深刻把握工业化、城镇化、农业现代化同步加快推进对土地管理和利用的新要求。

——加快推进农业现代化，对耕地保护和土地整治提出了更高要求。2010 年，我国人均耕地面积约 0.1 公顷（1.37 亩），不到世界平均水平的

40%。水土资源空间匹配性差，耕地质量总体不高，受生态环境制约，宜耕后备土地资源匮乏，补充耕地能力有限。耕地细碎化问题突出，全国现有耕地中，田坎、沟渠、田间道路占了13%；农业基础设施薄弱，有灌溉条件的耕地只占45%，农田防护林网建设不成体系。根据全国农用地分等定级成果，优等地仅占全国耕地总面积的2.7%，高等地占30%，中、低等地占67.3%。此外，一些地区土壤污染严重，主要城市周边、部分交通主干道以及江河沿岸耕地的重金属与有机污染物严重超标。目前，我国耕地的基础条件与建立规模化、集约化和机械化现代农业生产体系的要求存在差距。

——**加快推进城镇化、工业化，对节约集约用地提出了更高要求**。农村居民点散、乱、空现象比较普遍，土地浪费严重，实心粘土砖大量使用，全国农村居民点用地1847.6万公顷（2.77亿亩），农村人口人均居民点用地为259平方米，超过现行人均150平方米的高限。城镇工矿建设用地"摊大饼"式蔓延扩张，低效和闲置问题仍然存在。土地利用效率低下，在一定程度上加剧了建设用地供需矛盾。

——**保持经济社会平稳较快发展，土地供需矛盾日益加剧**。我国地形气候条件复杂，土地资源利用限制条件多，集中连片分布的耕地后备资源445.5万公顷（6683万亩），主要集中在生态环境脆弱的西部地区，随着人口持续增长和经济快速发展，土地需求刚性上升与供给刚性制约的矛盾日益加剧。我国土地生态环境退化趋势尚未根本扭转，全国土地沙化、盐碱化面积达13500万公顷（20.25亿亩），水土流失面积达35600万公顷（53.4亿亩）。我国是世界上自然灾害最为严重的国家之一，受气候极端异常影响，局地地质灾害呈易发高发态势，因自然灾害和生产建设活动损毁土地面积约746.7万公顷（1.12亿亩），待复垦土地面积约442.3万公顷（6635万亩）。土地资源禀赋条件相对较差，对可持续利用提出了更高要求。

——**促进土地节约集约利用，全国土地整治具有一定潜力**。据调查测算，全国补充耕地潜力约为1050万公顷（1.58亿亩）。其中，农用地整理补充耕地约420万公顷（6300万亩），产能提高潜力约为9300亿斤，主要分布在东北、西北和西南地区；土地开发补充耕地潜力约为270万公顷（4050万亩），主要分布在耕地后备资源较多的西部地区；土地复垦补充耕地潜力约为360万公顷（5400万亩），主要分布在山西、内蒙古等煤炭资源开发集中的省份。全国农村建设用地可整治规模约为800万公顷（1.2亿亩），主要分布在东北和中部地区。全国城镇工矿建设用地可整治规模约为50万公顷（750万亩），主要分布在东部地区。

土地整治是对低效利用、不合理利用和未利用的土地进行治理，对生产建设破坏和自然灾害损毁的土地进行恢复利用，以提高土地利用率的活动，包括农用地整理、土地开发、土地复垦、建设用地整治等。在新形势下，土地整治不仅是落实最严格的土地管理制度、大力推进耕地保护和节约集约用地的重大举措，也是推动破除城乡二元结构、加快推进新农村建设和城乡统筹发展的重要途径。当前和今后一个时期，大力推进土地整治的条件已经具备。深入贯彻落实科学发展观，加快转变经济发展方式，同步推进工业化、城镇化和农业现代化，加快建设资源节约型、环境友好型社会，既对开展土地整治提出了更高要求，也为其创造了有利条件。

尤为重要的是，党中央、国务院高度重视土地整治在保障国家粮食安全、统筹城乡发展、促进经济社会全面协调可持续发展中的重要作用。党的十七届三中全会通过的《中共中央关于推进农村改革发展若干重大问题的决定》指出："要大规模实施土地整治，搞好规划、统筹安排、连片推进。"十七届五中全会通过的《中共中央关于制定国民经济和社会发展第十二个五年规划的建议》进一步强调："严格保护耕地，加快农村土地整理复垦，大规模建设旱涝保收高标准农田。"近几年的中央一号文件均对开展土地整治提出了明确要求。土地整治已经上升为国家层面的战略部署，成为保发展、保红线、促转变、惠民生的重要抓手和基础平台。

第二章　指导思想和基本原则与目标任务

第一节　指导思想和基本原则

指导思想：坚持邓小平理论和"三个代表"重要思想，围绕深入贯彻落实科学发展主题和加快转变经济发展方式主线，按照建设资源节约型和环境友好型社会的总体要求，以保障国家粮食安全为首要目标，以推进新农村建设和统筹城乡发展为根本要求，加快农村土地整理复垦，着力加强耕地质量建设，以基本农田整治为重点，在严格保护生态环境的前提下，建设旱涝保收高标准基本农田，积极开展城镇工矿建设用地整治，建立健全长效机制，全面提高土地整治工作水平，以资源可持续利用促进经济社会可持续发展。

土地整治要遵循以下基本原则：

——**坚持促进"三农"发展**。落实最严格的耕地保护制度，按照有利生产、方便生活、改善环境的要求，以基本农田整治为重点，立足提高高产稳产基本农田比重，加快改善农村生产生活条件；有条件的地区，与散乱、废弃、闲置、低效利用的农村建设用地整治相结合，整体设计，统筹推进田、水、路、林、村综合整治，促进农民增收、农业增效、农村发展。

——**坚持统筹城乡发展**。落实最严格的节约用地制度，按照建设资源节约型社会和推进社会主义新农村建设的要求，规范推进农村建设用地整治，积极开展城镇工矿建设用地整治，挖掘存量建设用地潜力，在保护生态环境的前提下，因地制宜利用低丘缓坡进行工业和城镇建设，优化城乡用地结构与布局，加强农村基础设施建设和公共服务，推进城乡基本公共服务均等化，促进城乡一体化发展。

——**坚持维护农民合法权益**。始终把维护农民和农村集体经济组织的主体地位放在首位，按照以人为本、依法推进的要求，保障农民的知情权、参与权和受益权，切实做到整治前农民自愿、整治中农民参与、整治后农民满意。

——**坚持土地整治与生态保护相统一**。按照巩固和提高农业基础地位的要求，加快农村土地整治。在严格保护生态环境的前提下，适度开发宜耕后备土地，禁止毁坏森林开垦耕地，禁止在25度以上陡坡开垦耕地，禁止将列入保护范围的自然湿地开垦为耕地。在积极补充耕地数量的同时，更加注重提高耕地质量和改善农业生态环境，充分发挥土地整治的经济、社会和生态效益。

——**坚持因地制宜**、**量力而行**。立足地方经济社会发展实际，顺应人民群众改善生产生活条件的期待，统筹安排、因地制宜，突出重点、循序渐进，合理调整村镇建设、产业发展、农田保护、生态涵养等用地布局，统筹农村生产生活基础设施、服务设施和公益事业建设用地，促进经济社会全面协调可持续发展。

第二节　规划目标

按照全面建设小康社会的总体要求，根据《中华人民共和国国民经济和社会发展第十二个五年规划纲要》和《全国土地利用总体规划纲要（2006—2020年）》，提出规划期土地整治主要目标：

——**高标准基本农田建设成效显著**。与有关规划衔接，建设旱涝保收高标准基本农田2666.7万公顷（4亿亩），经整治的基本农田质量平均提高1个等级，粮食亩产增加100公斤❶以上，粮食安全保障能力明显增强。

补充耕地任务全面落实。土地整治补充耕地160万公顷（2400万亩），

---

❶　1公斤＝1千克。

确保全国耕地保有量保持在 12120 万公顷（18.18 亿亩）。其中，农用地整治补充耕地 72 万公顷（1080 万亩），损毁土地复垦补充耕地 28.3 万公顷（425 万亩），宜耕未利用地开发补充耕地 59.7 万公顷（895 万亩）。

——农村建设用地整治规范有序推进。在严格规范管理的前提下，整治农村建设用地 30 万公顷（450 万亩），加强散乱、废弃、闲置和低效利用农村建设用地整治，农村建设用地格局得到优化，土地利用效率得到提高。

——城镇工矿建设用地整治取得重要进展。整治城镇工矿建设用地，重点加大旧城镇、旧工矿、"城中村"改造力度，促进单位国内生产总值建设用地降低 30%，降低经济增长对土地资源的过度消耗，土地节约集约利用水平显著提高。

——土地复垦明显加快。推进损毁土地复垦，生产建设活动新损毁土地全面复垦，自然灾害损毁土地及时复垦，历史遗留损毁土地复垦率达到 35% 以上，促进土地合理利用和生态环境改善。

——土地整治保障体系更加完善。土地整治工作机制更加健全，制度规范更加完善，科技支撑更加有力，公众参与更加充分，监督管理更加有效，为土地整治持续推进提供有力保障。

专栏 1

"十二五"土地整治规划控制指标　　　　　单位：万公顷

指　　标	2015 年	指标属性
旱涝保收高标准基本农田建设规模	2666.7（40000）	约束性
经整治的基本农田质量提高程度	1 个等级	预期性
补充耕地总量	160（2400）	约束性
农用地整治补充耕地	72（1080）	预期性
损毁土地复垦补充耕地	28.3（425）	预期性
宜耕未利用地开发补充耕地	59.7（895）	预期性
农村建设用地整治规模	30（450）	预期性

注：表中括号内的数据单位为万亩。

第三节　主要任务

　　——以大规模建设旱涝保收高标准基本农田为重点，大力推进农用地整治。加强农田基础设施建设，按照"田成方、树成行、路相通、渠相连、旱能灌、涝能排"的标准，大规模建设旱涝保收高标准基本农田。科学划定基本农田集中区及整备区，有效引导耕地集中连片，优化耕地多功能布局。建立基本农田建设集中投入制度，加强 500 个高标准基本农田建设示范县建设，改造提高 116 个基本农田保护示范区，新建 5000 处万亩连片的旱涝保收高标准基本农田保护示范区。组织实施基本农田整治重大工程。适度开发宜耕后备土地，强化补充耕地的质量建设与管理，加强国家粮食战略后备区建设。合理引导农业结构调整，提高其他农用地利用效率。

　　——以改善农村生产生活条件为前提，稳妥推进农村建设用地整治。科学编制乡村土地利用总体规划，优化乡村土地利用。以"空心村"整治和乡（镇）企业用地整治为重点，尊重农民意愿，维护农民权益，稳妥推进农村建设用地整治，加强农村基础设施与公共服务设施配套建设。严格控制城乡建设用地增减挂钩试点的规模与范围，合理使用节余指标，确保增减挂钩所获土地增值收益及时全部返还农村，促进城乡一体化发展。

　　——以推进土地节约集约利用为出发点和落脚点，积极开展城镇工矿建设用地整治。鼓励有条件的地区开展旧城镇改造，加强配套设施与节地建设。积极开展旧工矿改造，优化工矿用地布局。有计划、有步骤地推进"城中村"改造，加强土地权属管理，切实改善"城中村"人居环境。在保护和改善生态环境的前提下，充分利用荒山、荒坡进行城镇和工业建设。

　　——以合理利用土地和改善生态环境为目的，加快土地复垦。加大历史遗留损毁土地的复垦力度，全面推进生产建设新损毁土地的复垦，及时复垦自然灾害损毁的土地，努力做到"快还旧账、不欠新账"。完善土地复垦质量控制标准，加强土地复垦监测监管，推进土地生态环境整治，不断提高生态环境质量。

——以制度建设为基础，切实保障规划实施。统筹区域土地整治，构建整体推进土地整治的工作模式。完善规划体系，充分发挥规划对土地整治的管控作用。加强规划实施的公众参与，切实维护人民群众合法权益。健全规划实施管理制度，加强规划实施监测监管和考核评价。探索市场化运作模式，创新土地整治激励机制。加强土地整治法制、科技和队伍建设，夯实规划实施基础。

第三章　统筹推进土地整治

突出"全域规划、精细设计、综合整治",坚持田、水、路、林、村综合整治,统筹区域土地整治,完善土地整治统筹推进机制,发挥土地整治的整体效益。

第一节　推进全域土地整治

加强市、县土地整治的总体谋划。以耕地面积增加、耕地质量提高、建设用地总量减少、农村生产生活条件和生态环境明显改善为目标,统筹安排农用地整治、农村建设用地整治、城镇工矿用地整治、土地复垦和未利用地开发等各类活动。构建区域土地生态安全格局,强化生态核心区建设,保护和恢复自然山水格局,维护土地生态系统的整体性。统筹区域内水利、电力、交通等基础设施建设,促进区域土地利用协调。严格规范城乡建设用地增减挂钩,调整优化城乡用地结构和布局,推进城乡统一土地市场建设,促进公共资源在城乡之间均衡配置、生产要素在城乡之间有序合理流动,推动城乡一体化发展。

专栏2

以示范建设构筑全域土地整治新机制

采取政府主导、国土搭台、部门联动、公众自主参与的组织方式和统筹规划、整合资源、整体推进的工作模式,推进以田、水、路、林、村综合整治为内容的农村土地整治示范建设。发挥中央留成新增建设用地土地有偿使用费的示范、引导作用,按照"渠道不变、管理不乱、集中投入、各计成效"的原则，聚合各项涉农资金，切实提高资金的整体效益。

2008 年以来，中央支持开展了 10 个土地整治重大工程和在 10 个省份开展农村土地整治示范建设，总投资 1090 亿元，整治规模达 410.5 万公顷（6157 万亩），补充耕地面积 70.3 万公顷（1054 万亩）。今后示范建设省份每 3 年一轮，每一轮安排 5～7 个省份。

第二节　统筹区域土地整治

落实区域发展总体战略，实施差别化土地整治。东部地区要积极开展城乡建设用地整治，着力提高土地资源利用效率，化解土地资源瓶颈制约，积极探索土地整治新机制。中部地区要加强田、水、路、林、村综合整治，稳步提高粮食综合生产能力，巩固提升全国重要粮食生产基地地位，保障科学发展用地需求。东北地区要大规模开展基本农田整治，切实保护好黑土地资源，建设稳固的国家粮食战略基地，加大资源枯竭地区土地复垦力度，积极开展旧工业区整治。西部地区要推广生态型土地整治模式，加强坡耕地整治，促进国土生态安全屏障建设。加大对革命老区、民族地区、边疆地区、贫困地区土地整治扶持力度，加强生态退耕地区基本口粮田建设，强化生态保护和修复，发展特色农、林、牧业，切实改善老少边穷地区的生产生活条件。

适应主体功能区建设要求，加强土地整治管控。优化开发的城市化地区要积极开展城镇工矿用地整治，大规模开展基本农田整治，发挥农田的生态景观功能，改善区域生态环境。重点开发的城市化地区要大力推进田、水、路、林、村综合整治，保障农业和生态发展空间，促进人口集中、产业集聚、用地集约。农产品主产区要强化耕地保护，大规模建设旱涝保收高标准基本农田，推动农业的规模化、产业化、机械化，改善农村生产生活条件。重点生态功能区要以保护和修复生态环境为首要任务，积极开展坡耕地整治，实施土地生态环境整治示范工程，加强小流域综合治理，保护生物多样性。

专栏3

区域土地整治方向

东北地区：以耕地尤其是基本农田整治为主要方向。增加有效耕地面积，大规模建设旱涝保收高标准基本农田，积极推行规模化、机械化粮食生产基地建设；加快工矿废弃地复垦，促进资源枯竭型城市转型。

京津冀鲁区：以土地综合整治为主要方向。积极开展农村土地综合整治，规范推进城乡建设用地增减挂钩，稳步开展城镇工矿建设用地整治，优化城乡用地结构和布局；加强耕地质量建设，积极改造盐碱地和中低产田，提高耕地综合生产能力。

晋豫区：以推进土地复垦和农村土地整治为主要方向。重点加强生产建设活动损毁土地复垦；大力推进农用地整治，大规模建设旱涝保收高标准基本农田，提高粮食综合生产能力；积极开展农村居民点整治；开展小流域综合治理和风沙综合防治。

苏浙沪区：以城乡建设用地整治为主要方向。积极推进村镇建设用地整治，稳妥推进城镇工矿用地整治，充分挖掘城乡建设用地潜力，提高土地利用集约度；加强污染土地的治理，合理开发利用沿海滩涂和低丘缓坡土地。

湘鄂皖赣区：以农用地整治为主要方向。积极开展农田整治，完善农田配套设施，大规模建设旱涝保收高标准基本农田；因地制宜开展农村居民点和零星闲散地综合整治，提高农村建设用地利用效益；积极开展小流域综合治理，防治水土流失。

闽粤琼区：以建设用地整治为主要方向。积极开展旧城镇、旧村庄、旧工矿改造，稳妥推进农村建设用地整治，盘活存量建设用地，优化城乡用地结构和布局；加强珠江三角洲、福建沿海等地区污染土地的治理，合理开发利用低丘缓坡土地和沿海滩涂，建设海南热带现代农业基地。

西南区：以土地生态修复和综合整治为主要方向。限制生态环境脆弱地区的土地开发，加强石漠化治理和生态修复；将农田整治与陡坡退耕还林政策有效结合，加大基本农田建设力度，加强山地丘陵区坡改梯；积极复垦生产建设和自然灾害损毁土地。

青藏区：以土地生态环境综合整治为主要方向。在西藏"一江两河"和青海湟水流域，加强农田水利和防护林网建设，增强耕地抵御自然灾害的能力；结合农牧区危旧房改造，开展村庄整治；加强退化草场治理和草地改良。

西北区：以水土综合整治为主要方向。加强平原、旱塬和绿洲的耕地和基本农田建设，提高水资源利用率，防治土地盐碱化；坚持以水定地，因地制宜开发宜耕后备土地资源；结合危旧房改造与生态移民，开展村庄整治。

第三节　完善统筹推进土地整治机制

加强规划统筹。与农业生产、城乡建设、区域发展、产业发展、农村文化教育、卫生防疫、农田水利建设、流域水资源综合开发、水土保持、生态建设、林地保护利用、海域利用等相关规划和发展要求相协调，统筹规划土地整治，合理安排土地整治的规模、布局、重点和时序，保障土地整治各项活动科学有序进行。

有效聚合资金。充分利用土地整治平台，以新增建设用地土地有偿使用费、用于农业土地开发的土地出让收入、耕地开垦费和土地复垦费等资金为主体，引导和聚合相关资金，保持渠道和用途不变，实行专账管理，统筹集中使用，切实提高各项资金使用效率，发挥资金综合效益。积极鼓励、支持和引导社会投资参与土地整治。加强对地方土地整治工作中投融资的管理，防范可能出现的财政、信贷风险。继续推动土地整治示范建设。

　　构建共同推进责任机制。以职责分工为基础，形成政府主导、国土搭台、部门联动、公众参与、共同推进的责任机制。各级政府要加强组织领导，切实发挥统筹规划、整合资金、整体推进的作用。充分尊重人民群众的主体地位，充分听取农村基层组织、农民和国有农场及农业职工的意见。引导和规范社会力量参与土地整治。

第四章　大力推进农用地整治

以整治促建设、以建设促保护，在严格保护生态环境的前提下，大力推进农用地整治，增加有效耕地面积，提高耕地质量等级，大规模建设旱涝保收高标准基本农田，促进耕地布局优化，改善农业生产条件，夯实农业现代化发展基础。

第一节　大规模建设旱涝保收高标准基本农田

大力建设旱涝保收高标准基本农田。按照《全国新增 1000 亿斤粮食生产能力规划（2009～2020 年）》和全国土地利用总体规划划定的基本农田保护区，继续实施 116 个基本农田保护示范区建设，重点加强 500 个高标准基本农田建设示范县的建设，有序推进土地整治示范省建设，积极实施土地整治重大工程。规划期内，新建 5000 处万亩连片的旱涝保收高标准基本农田保护示范区，统一命名，统一永久性保护标识，统一集中监管。

加强基本农田集中区建设与管理。建设优质、集中连片、基地化的基本农田保护体系。依照耕地分等定级技术规范标准和补充耕地质量建设与管理规定，结合耕地质量等级监测结果，严格土地整治新增耕地质量的评价和验收，有针对性地采取培肥地力、保护性耕作等措施，稳步提高耕地产能，经整治的耕地要划定为基本农田，实行永久保护。按照数量、质量和生态全面管护的要求，依据耕地等级实施差别化管护，重点保护水田等优质耕地。

专栏4

旱涝保收高标准基本农田建设计划

旱涝保收高标准基本农田是通过土地整治建设形成的布局合理化、农田规模化、农艺科技化、生产机械化、经营信息化、环境生态化的基本农田。

按照建立基本农田建设集中投入制度要求，通过实施土地整治重大项目和示范建设的方式，"十二五"时期，全面实施旱涝保收高标准基本农田建设计划，重点支持现有116个基本农田保护示范区的改造和提高；加强500个高标准基本农田建设示范县建设；有序推进10个农用地整治重点区域建设；积极实施基本农田整治重大工程。

旱涝保收高标准基本农田建设要做到与现代农业发展、农田水利建设、新农村建设、农田生态景观优化相结合。

完善旱涝保收高标准基本农田管理制度，新建集中连片、设施配套、高产稳产、生态良好的旱涝保收高标准基本农田，统一命名，统一永久性保护标识，统一网格化监管。

优化基本农田多功能布局。与社会经济发展相协调，确定不同区位条件下基本农田的适宜功能，明确土地整治方向，发挥耕地最优效益。生产条件较好的传统农区，要促进优质农田的集中连片，加强耕地质量建设，强化耕地生产功能，使之成为高产稳产、高效优质农产品生产基地。城市近郊区，要加强基本菜地保护，强化农田景观、生态和休闲功能，发展现代都市农业和休闲农业。生态脆弱区，要以提升耕地生态功能为主，建成集水土保持、生态涵养、特色农产品生产于一体的生态型基本农田。

实施基本农田整治重大工程。按照耕地增加、用地节约、布局优化、要素集聚的要求，整体推进田、水、路、林、村综合整治，实施粮食主产区基本农田整治工程、西部生态建设地区农田整治工程，全面完善重大工程区域农田基础设施条件，提升土地集约利用水平。

专栏5

基本农田整治重大工程

粮食主产区基本农田整治工程：以基本农田整治为主，涉及13个粮食主产省和山西、陕西、海南共16个省（区）的875个县（市、区）。通过工程实施，补充耕地面积19.5万公顷（292.5万亩），整治后基本农田质量提高1个等级。

西部生态建设地区农田整治工程：以农田整治为主，涉及9个省（区、市）235个县（市、区）。通过工程实施，补充耕地面积8.3万公顷（124.5万亩）。

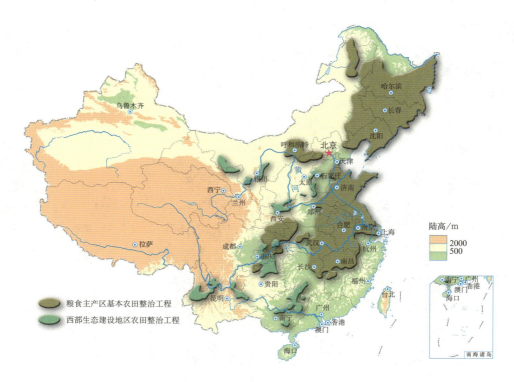

图1　基本农田整治重大工程分布

第二节　切实加强耕地质量建设

大力加强农田基础设施建设。严格农田整治工程标准，加大中、低质量等级耕地改造力度。推进土地平整工程，合理确定田块规模，规整田块，充分满足农业机械作业要求。完善田间道路系统，优化田间道、生产路布局，提高道路的荷载标准和通达度。加强农田灌溉与排水工程建设，提高耕地灌溉面积比例和渠系水利用系数，增强农田防洪排涝能力。"十二五"期间，通过农田整治，新修建排灌沟渠1000万公里，建成田间道路920万公里，农业灌溉用水有效利用系数提高到0.53以上。

加强农田防护与生态环境建设。因地制宜推进农田林网工程建设，完善农田防护林体系，稳步提高农田防护比例。加强小流域综合治理，积极开展坡改梯、堤岸防护、坡面防护、沟道治理和保护性耕作等水土保持工程建设，增强农田抵抗自然灾害的能力，保护农田生态环境安全。整治后，项目区农田防护达标面积比例达到90%以上，植被覆盖率达到90%以上，水土流失治理达标率达到90%。

积极开展坡耕地整治。以梯田建设为重点，科学规划，合理布局，加强保土、蓄水、节水建设。加强与小型农田水利建设和农艺、农机措施的结合，搞好坡面水系、水利水保工程和田间道路工程的综合配套，构建有效的水土流失综合防治体系，发挥工程综合效益。以缺粮特困地区、水库移民安置区、人口较少民族地区、人多地少矛盾突出地区和贫困边远地区为重点，按照先易后难、循序渐进、治理水土流失与促进群众脱贫致富相结合的原则，优先选择坡度较缓，近村、近路、近水的地块实施坡改梯工程，促进农民增收和农村经济发展。

积极开展特色农产品原产地土地整治。坚持以市场为导向，加强特色资源的开发与保护，充分挖掘区域特色资源利用潜力，提高原产地农用地质量，扩大农产品生产规模，形成新的特色农产品生产能力。

制定扶持政策，引导名特优农产品向适宜区集中。建设特色农产品生
产示范区，加强农用地整治，着力改善生产条件，做大做强一批具有
较强竞争力的特色农产品产业带（区），加快形成科学合理的特色农
产品布局。

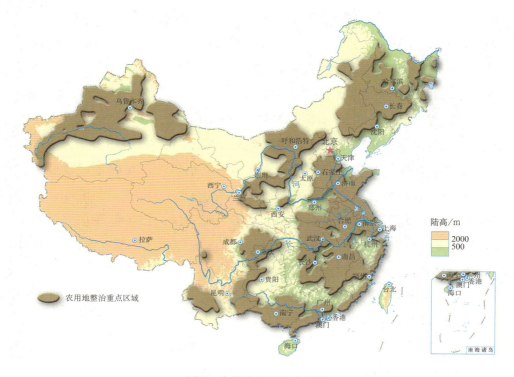

图 2　农用地整治重点区域

专栏6

农用地整治重点区域

　　农用地整治重点区域共 10 个，包括华北平原区、长江中下游平原区、
东北平原区、华南丘陵平原区、浙闽丘陵平原区、云贵高原区、黄土高原
区、四川盆地及秦巴山地区、内蒙古高原区、新疆天山山麓绿洲区（包括
兵团部分团场），涉及 1618 个县（市、区）。规划期内，通过农用地整治

补充耕地的潜力约 226.5 万公顷（3397.5 万亩）。经整治，耕地质量提高 1 个等级。

第三节　适度开发宜耕后备土地

科学合理开发宜耕后备土地。补充耕地以农用地整治和土地复垦为主，严格控制宜耕后备土地开垦。选定重点区域，科学论证、统筹安排，根据全国粮食供求状况，适时适度开发耕地后备资源，在保护和改善生态环境的前提下补充有效耕地面积，禁止毁林开垦。积极实施耕作层剥离工程，鼓励剥离建设占用耕地的耕作层，并在符合水土保持要求的前提下用于新开垦耕地的建设。

强化新增耕地的质量建设与管理。落实耕地占补平衡制度，实行耕地数量质量并重管理，依照耕地分等定级技术规范和标准，严格新增耕地质量验收，做到面积和产能双平衡。对补充耕地质量未达到被占用耕地质量的，按照等级折算方法增加补充耕地面积。加强新增耕地的后期管护，强化宜耕土层建设，严格客土土源质量标准，采取培肥地力、保护性耕作等措施，结合客土回填、表土剥离等活动，改良土壤性状，稳步提升新增耕地地力。加大农田水利、耕作道路、林网等基础设施建设，改善基本农田生产条件。进一步加强对新增耕地的监管，确保有效利用，防止抛荒。整治新增耕地，应及时确权、登记、颁证。

适时开展宜耕后备土地开发重大工程。对耕地后备资源丰富的地区，在做好土地适宜性评价和保护生态环境的前提下，按照集中连片、规模开发的要求和适度推进的原则，根据全国粮食供求状况，适时实施宜耕后备土地开发重大工程，补充耕地面积，加强质量建设，促进形成国家粮食战略后备产区。继续开展新疆伊犁河谷地土地开发工程和战略后备区集中补充耕地工程。

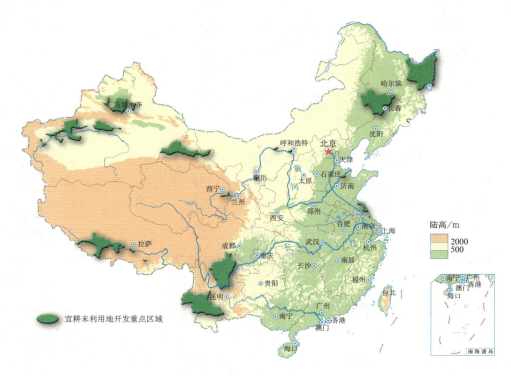

图3　宜耕后备土地开发重点区域

专栏 7

宜耕后备土地开发重点区域和重大工程

　　宜耕后备土地开发重点区域共9个，包括东部沿海滩涂区、河套银川平原区、滇西南地区、川西南地区、吉林西部地区、三江平原区、新疆南北疆山麓绿洲区、甘肃河西走廊及中部沿黄灌区、青藏地区，共涉及225个县（市、区）。规划期内，通过土地开发补充耕地的潜力约137万公顷（2055万亩）。

　　新疆伊犁河谷地土地开发工程：以开发宜农土地后备资源为主，涉及新疆伊犁河谷地的10个县（包括兵团部分团场）。通过工程实施，补充耕地面积约21.8万公顷（326.85万亩）。

　　战略后备区集中补充耕地工程：以增加有效耕地面积为主，涉及10个省（自治区）80个县（市、区）。通过工程实施，可增加有效耕地面积约15.6万公顷（233.85万亩）。

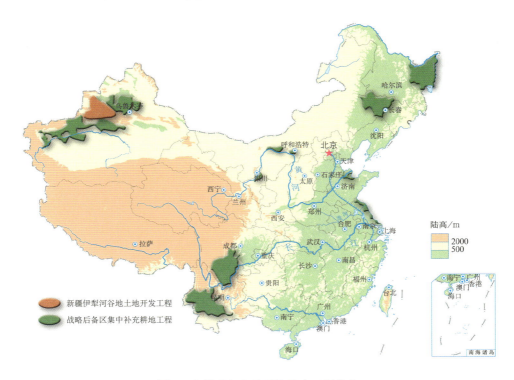

图4 宜耕后备土地开发重大工程分布

第四节 积极推进其他农用地整治

合理引导农业结构调整。发挥土地整治对农业结构调整的引导作用，在稳定和增加耕地面积的基础上，根据当地经济作物和设施农业等发展目标，在严格保护生态环境的前提下，合理配置其他农用地，为优势农产品发展提供支撑。充分利用荒山、滩地等开展生态建设，发展特色品种、农产品加工和休闲农业，提高农用地利用效率和整体效益。推进养殖池塘综合整治，提高养殖池塘综合生产能力和抵御自然灾害能力。沿海地区，应根据土地利用实际，开展沿海高标准水产养殖农用地整治。

加强低效园、林地整治。积极开展中低产园地整治，完善配套基础设施，稳步提高园地单产和综合效益；根据农业产业布局，引导新建园地集中布局、集约发展。加强低效林地改造，积极开展受损林地恢复重建。

推进草地综合整治。积极开展退化草场治理，加强天然草原改良，培育、提高草场生产力。支持退化草场治理、退牧还草、草地生态系统恢复重建等工程的实施。

第五章 规范推进农村建设用地整治

　　坚持群众自愿、因地制宜、量力而行、依法推动的原则，积极稳妥推进村庄土地整治，优化居民点布局，完善农村基础设施，改善农村生产生活条件，提升农村公共服务水平，促进城乡一体化发展。

第一节 统筹规划乡村土地利用

　　因地制宜，科学编制乡村土地利用总体规划。认真贯彻生产发展、生活宽裕、乡风文明、村容整洁、管理民主的社会主义新农村建设方针，以经济社会发展规划和土地利用总体规划为指导，与村镇建设规划充分衔接，科学编制乡村土地利用总体规划。乡村土地利用总体规划要坚持以人为本、尊重民意、因地制宜、节约用地、保护环境的原则，结合农村生产方式、风俗习惯、文化传统等特点，合理确定乡村的功能定位与发展方向，明确乡村土地利用总体格局，统筹安排各业各类用地，合理配置公共服务设施和基础设施，促进农村地区全面发展。

　　优化农村建设用地布局。以充分尊重农民意愿为前提，以改善农民生产生活条件为目标，以集约用地、改善环境为原则，调整优化农村居民点用地布局，逐步推行分散农村居民点的适度集中归并，重点发展中心村，稳妥撤并自然村，适时拆除"空心村"，形成等级职能结构协调有序、空间布局合理的农村居民点体系。在规划城镇发展区，严格限制现有村庄旧房改建扩建，鼓励农民腾退宅基地，实施农村居民点社区化建设，加快城乡一体化进程。在农业生产区，按照有利生产、方便生活的原则，充分尊重农民意愿，规范有序地开展迁村并点，按照规划推进中心村建设，吸引农民自愿适度集中居住。在生态保护区，创造条件推动农村居民点的整体外迁和适度归并。合理安排村庄、产业建设用地，为农民创业和就近就业提供良好的外部环境，促进非农产业在中心村和小城镇的发展。迁村并点涉及农村土地所有权关系、村民组织等变动的，要加强政策指导，做好过细的工作，确保农村经济社会稳定。

加强乡村景观特色保护。加强村庄整体风貌设计，注重村庄人文环境、建筑环境和艺术环境的统一规划，实现自然环境和人文环境的和谐。注重保留当地传统、有特色的农耕文化和民俗文化，保护自然人文景观及生态环境。注意避让和保护特色村庄，控制周边建筑类型、高度、风格和色彩，使之与旧址建筑相协调。

第二节　稳妥推进村庄土地整治

加强闲置和低效利用的农村建设用地整治。按照尊重农民意愿、充分考虑农民实际承受能力的要求，合理开发利用腾退宅基地、村内废弃地和闲置地，促进中心村和小城镇建设，引导农民集中居住、产业集聚发展。严格划定农村居民点扩展边界，村内有空闲地或宅基地总面积已超出标准的，原则上不再增加宅基地规模。依法引导农村闲置宅基地在本集体经济组织成员之间合理流转，提高宅基地利用效率。村庄建设用地整治，要以"空心村"整治和"危旧房"改造为重点，全面提高农村建设用地利用效率。

专栏8

城乡统筹区域农村建设用地整治示范工程

城乡统筹区域农村建设用地整治示范工程：主要围绕工业化、城镇化水平比较高的区域，开展农村建设用地整治，涉及28个省（自治区、直辖市）549个县（市、区）。通过工程实施，新增耕地约6万公顷（90万亩），农村生产生活条件得到显著改善。

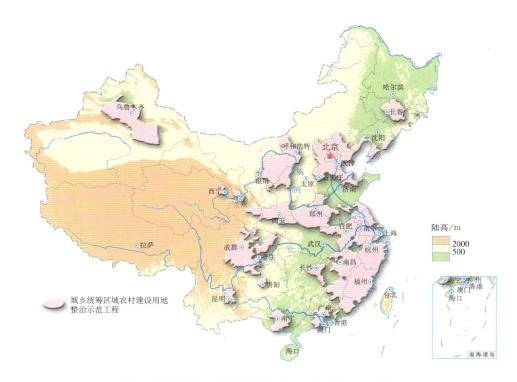

图5　城乡统筹区域农村建设用地整治示范工程分布

加强基础设施与公共服务设施配套建设。按照有利生产、方便生活和公共服务均等化的要求，合理进行村庄功能分区，完善农村道路、水电及生活垃圾、污水处理等基础设施，健全教育、医疗卫生、文化娱乐等公共服务设施，加强村庄内部绿化建设，着力改变农村脏、乱、差的状况，实现布局优化、村庄绿化、环境美化。

第三节　严格规范城乡建设用地增减挂钩试点

严格控制增减挂钩试点规模与范围。坚持局部试点、封闭运行、规范管理、结果可控的原则，依据土地整治规划，合理安排增减挂钩试点规模、布局和时序。对各试点地区增减挂钩指标的下达、使用和归还实行全程监管、严格考核，确保增减挂钩试点严格控制在增减挂钩指标规模内。试点所在省（区、市）要严格按照国家下达的增减挂钩指标，组织审批和实施试点项目，严禁突破增减挂钩指标规模设立项目区，严禁项目区跨县级行政区域设置和循环使用增减挂钩指标。

合理使用节余指标。依据土地利用总体规划，合理设置建新、拆旧项目区，统筹安排农民新居、城镇发展等建新和拆旧复垦等活动，防止增减挂钩试点中重建新轻拆旧、重城镇轻农村的倾向。通过整治腾出的建设用地，首先要满足项目区内农民建房、基础设施建设、公共服务设施配套和非农产业发展、自然生态恢复用地的需要，调剂为城镇工矿建设用地的，必须纳入增减挂钩试点管理。

确保增减挂钩所获土地增值收益全部返还农村。始终把维护农民权益放在首位，充分尊重农民意愿，维护农民和农村集体经济组织的主体地位，保障农民的知情权、参与权和收益权。制定收益返还管理办法，明确收益主体，规范收益用途，确保增减挂钩所获土地增值收益及时全部返还农村，用于支持农业农村发展和改善农民生产生活条件，切实做到农民自愿、自主、自治。

严格试点监督管理。增减挂钩试点必须符合土地利用总体规划和土地整治规划，纳入土地利用年度计划。各级国土资源管理部门要结合国土资源综合监管平台建设，实行全程监管。实行增减挂钩试点项目在线备案制度，及时向社会公示，自觉接受公众监督。加强对项目实施的检查、指导和考核。完善问题发现和查处机制，强化监督检查，及时纠正存在的问题，严肃查处违法违规行为。

第六章　有序开展城镇工矿建设用地整治

全面推进旧城镇、旧工矿以及"城中村"改造，拓展城镇发展空间，促进土地节约集约利用，提升土地价值，改善人居环境，保障城镇健康发展。

第一节　积极开展旧城镇改造

强化城镇改造的规划控制。依据节约集约用地和城镇建设规划要求，制定改造计划，科学划定城镇改造单元，明确城镇职能、用地布局、主导产业，做好城镇改造的时序安排，做到改造单元功能用途协调、建设集中连片、产业关联发展，避免由于规划控制不力而造成混乱。

鼓励有条件的地区开展旧城镇改造。积极开展城镇更新改造，重点做好基础设施落后、人居环境恶劣、畸零细碎或与城镇功能定位不符区域的更新改造，挖掘用地潜力。探索增减挂钩指标安排与中心城区用地效率提高的联动机制，加大财政、土地等政策的支持力度，形成城镇更新改造的促进机制。重点开展珠三角、长三角、环渤海及其他高度城市化地区的旧城镇改造。

强化配套设施与节地建设。加快旧城镇改造进程，疏导不适合在城镇内发展的产业，合理开展中心城区工业用地用途调整，推进旧城区转型更新。积极推行节地型更新改造，控制生产用地，保障生活用地，增加生态用地。鼓励开发地上地下空间，提高城镇综合承载能力，促进节约集约用地。完善市政公用设施和基础设施的配套，加强绿化和市容卫生建设，提升旧城镇居民的整体生活质量，创造舒适宜人的城镇环境。

加强历史文化保护。注重保护历史文化街区，挖掘文化内涵，延续历史文脉。保护地方特色建筑，保持原有的景观特征，避免大规模拆旧建新对古城历史风貌造成不利影响。

第二节　积极开展旧工矿改造

充分挖掘现有工矿用地潜力。制定工业用地节约集约利用的激励政策，推广应用多层标准厂房，改善工矿区配套设施以及环境景观，盘活土地资产，提高工业用地的经济密度，实现从粗放型向集约型转变。条件适宜地区，积极实施工矿用地功能置换，在调查评价和治理修复的基础上，结合周边环境将工矿用地改造为居住、商业、办公等用途。创新土地管理方式，在严格控制建设用地总量、切实保护耕地的前提下，通过复垦工矿废弃地并与新增建设用地挂钩，优化土地利用结构和布局，促进土地资源节约、合理和高效利用。加强工业用地使用监管，严格落实闲置土地处置办法，防止土地闲置、低效利用和不合理利用。

促进产业更新升级。制定合理的产业用地政策，积极发挥用地标准和价格手段的调控作用，淘汰效益低、占地多、污染高的落后产能。建立产业发展的协调推动机制，科学配置不同类型、规模的企业用地，实现产业整体协同发展，提升整体功能和综合效益。

引导工业集聚发展。积极引入社会资金，引导分散企业向工业园区和生产基地集中，促进集中布局、集约用地。

第三节　稳步推进"城中村"改造

有计划有步骤地推进"城中村"改造。严格执行土地利用总体规划和城市总体规划，加强新增建设用地审批和供应管理，遏制"城中村"现象的扩大。将"城中村"各项管理纳入城市的统一管理体系，推进规划区内土地市场和土地管理一体化，促进现有"城中村"的改造，提高土地集约利用水平。

加强"城中村"改造土地权属管理。尊重居民主体地位，严格按照民主程序确定改造模式和改造办法，依法依规确定土地权属，协调平衡各方利益，确保群众利益不受损。

切实改善"城中村"人居环境。加大"城中村"土地整治力度，完善"城中村"整治的配套政策，加强环境卫生建设，改善"城中村"居住环境。

第七章　加快土地复垦

全面推进生产建设活动损毁土地和自然灾害损毁土地的复垦，努力做到"快还旧账、不欠新账"，促进耕地保护和节约集约利用土地，改善生态环境，保障土地可持续利用。

第一节　积极推进生产建设活动损毁土地的复垦

加大历史遗留损毁土地的复垦力度。在调查评价损毁土地复垦潜力的基础上，综合考虑土地损毁前的特征和损毁类型、程度和复垦的可行性等因素，尊重自然规律，立足农业发展、生态改善，因地制宜恢复利用，统一规划，确定复垦的重点区域，合理安排复垦土地的利用方向、规模和时序，组织实施土地复垦重大工程。加大政府对土地复垦的资金投入，吸引社会投资进行复垦，鼓励土地权利人自行复垦。到 2015 年，历史遗留损毁土地复垦率达到 35% 以上，损毁土地复垦补充耕地 28.3 万公顷（425 万亩）。

全面实现生产建设活动新损毁土地的复垦。按照"谁损毁，谁复垦"的原则，坚持土地复垦和生产建设相结合，编制土地复垦方案，在生产工艺、建设方案中落实土地复垦各项要求。确定的复垦任务纳入生产建设计划，土地复垦费用列入生产成本或者建设项目总投资。按照全国实心粘土砖产量控制在 3000 亿块标准砖（折合）以下，全国 50% 以上县城要实现"禁实"目标，严格禁止毁田烧砖。加强位于基本农田保护区内新损毁土地的复垦。加强生产建设用地节约集约利用管理，减少损毁面积，降低损毁程度。

完善土地复垦质量控制。开展土地复垦适宜性评价，按照因地制宜、经济可行、综合利用、农业优先、确保安全的原则，合理确定复垦土地的用途。注重生态环境保护，做到土地复垦与生态恢复、景观建设和经济社会可持续发展相结合，复垦后景观与当地自然环境相协调。支持土地复垦科学研究和技术创新，制定土地复垦技术标准，加强土地复垦先进技术的推广应用，全面提升土地复垦水平。

严格土地复垦工作监管。建立国家、地方和企业三级土地复垦动态监测体系，对土地复垦情况进行监测、预报和预警。结合国土资源"一张图"工程，建设土地复垦监管平台，建立健全土地复垦日常监管制度，加大执法力度。

组织实施土地复垦重大工程。开展重点区域土地复垦，组织实施重点煤炭基地土地复垦工程、"7918"高速公路和"四纵四横"高铁沿线土地复垦工程、"南水北调"水利工程沿线土地整治工程。

专栏9

生产建设活动损毁土地复垦重点区域和重大工程

土地复垦重点区域共10个，包括冀东煤炭钢铁基地、黑吉辽煤炭钢铁有色金属基地、冀南晋南豫北煤炭钢铁基地、晋陕蒙煤炭化工基地、苏鲁皖煤炭钢铁有色金属基地、豫中煤炭基地、鄂赣闽有色金属钢铁煤炭基地、湘粤有色金属建材基地、广西有色金属建材煤炭基地、川滇黔渝有色金属钢铁化工基地，涉及474个县（市、区）。规划期内，通过土地复垦补充耕地的潜力约57万公顷（855万亩）。

重点煤炭基地土地复垦工程：以矿区土地复垦为主，涉及12个省（区）180个县（市、区）。通过工程实施，补充耕地面积约15万公顷（225万亩）。

"7918"高速公路和"四纵四横"高铁沿线土地复垦工程：在"7918"高速公路和"四纵四横"高铁沿线开展土地整治，涉及全国31个省（区、市）1404 个县（市、区）。通过工程实施，补充耕地面积约 0.5 万公顷（6.75 万亩）。

"南水北调"水利工程沿线土地整治工程：在"南水北调"工程中线和东线区域开展土地整治，涉及 8 个省（市）128 个县（市、区）。通过工程实施，可补充耕地面积 11.8 万公顷（177 万亩）。

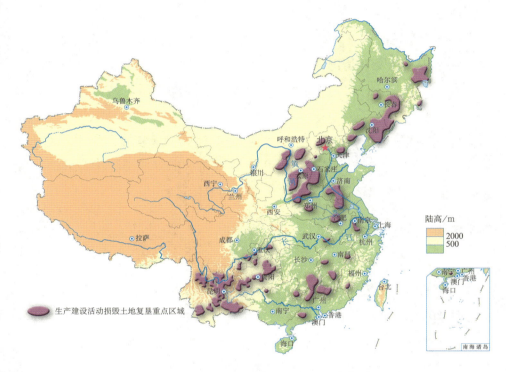

图6　生产建设活动毁损土地复垦重点区域

第二节　及时复垦自然灾害损毁土地

加大灾毁土地复垦力度。根据自然灾害损毁土地的情况，有针对性地采取措施，及时复垦灾毁土地，减少因自然灾害损毁而流失的耕地数量。对灾毁程度较轻的土地，鼓励受灾农户和土地权利人自行复垦；对灾毁程

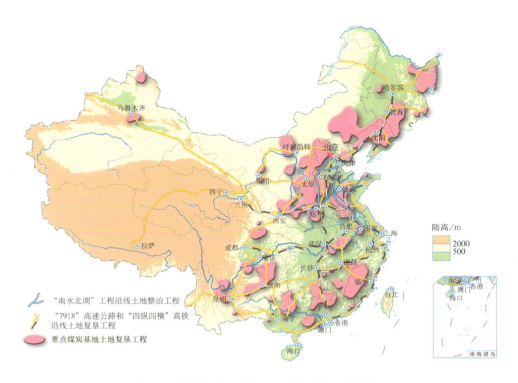

图 7　生产建设活动损毁土地复垦重大工程分布

度较重的土地，制定灾毁土地复垦规划，按项目进行复垦。充分尊重当地群众意愿，结合生态农业发展和生态环境建设，对地处偏远、地质环境较差的灾毁土地，因地制宜地实施复垦。

加强山洪和地质灾害损毁土地的复垦。开展山洪和地质灾害易发区调查评价，查清山洪、泥石流、滑坡、崩塌等灾害隐患点的基本情况，结合工程、生物等措施，复垦已损毁土地，加强山洪和地质灾害易发区生态环境建设，有效降低山洪和地质灾害的发生概率。重点对川滇南北构造带泥石流滑坡崩塌重点防治区、滇西横断山高山峡谷泥石流滑坡重点防治区、陇南陕南秦巴山地泥石流滑坡重点防治区因灾损毁的土地及时进行复垦。

推进土地生态环境整治示范工程建设。坚持保护优先、自然恢复为主，在加强退化土地生态环境建设和生态功能区保护的基础上，针对水土流失、土地沙化、土地盐碱化、土壤污染、土地生态服务功能衰退和生物多样性损失严重的区域，结合退耕还林、退牧还草，治理水土流失，推进土地生态环境综合整治，提高退化土地生态系统的自我修复能力，增强防灾减灾能力。

第八章　土地整治资金与效益

第一节　资金供需

旱涝保收高标准基本农田建设任务资金需求与供给。完成 2666.7 万公顷（4 亿亩）旱涝保收高标准基本农田建设任务，总投资约需 6000 亿元。根据现有法律政策规定，旱涝保收高标准基本农田建设资金主要来源于新增建设用地土地有偿使用费和用于农业土地开发的土地出让收入。依据修订后的新增建设用地土地有偿使用费标准，规划期内预计可以征收约 4500 亿元；根据《国务院关于将部分土地出让金用于农业土地开发有关问题的通知》（国发〔2004〕8 号）和有关管理办法，土地出让平均纯收益中用于农业土地开发的比例不低于 15%，规划期内预计可征收 750 亿元，以上两项合计可征收 5250 亿元，资金缺口 750 亿元。通过聚合农业、水利、农发等相关部门资金投入土地整治，基本可达到资金供需平衡。

其他土地整治任务资金需求与供给。宜耕未利用地开发补充耕地资金主要来源于耕地开垦费；农村建设用地整治资金主要来源于城乡建设用地增减挂钩指标收益；通过制定相关政策，充分调动政府、集体、土地原使用权人及相关权利人的积极性，吸引社会各方广泛参与城镇工矿建设用地整治；依据《土地复垦条例》，生产建设活动损毁土地由土地复垦义务人负责复垦，由于历史原因无法确定土地复垦义务人的，由县级以上人民政府负责组织复垦，或者按照"谁投资，谁受益"的原则，吸引社会投资进行复垦。

第二节　预期效益

经济效益。通过土地整治，可增加耕地面积、提高耕地质量，到 2015 年增加有效耕地面积 160 万公顷（2400 万亩），耕地质量等级可提高 1 个等级，增加粮食产能 500 亿斤；可盘活城乡建设用地约 30 万公顷（450 万亩），带动国内生产总值增加，促进单位国内生产总值建设用地降低 30%；可提高整治区农民收入，带动农村消费，有效拉动内需，规划期内农民人均年收入至少增加 400 元左右。

社会效益。通过土地整治，全面落实 2666.7 万公顷（4 亿亩）旱涝保收高标准基本农田建设任务；有效改善农业生产条件，提高农业规模化和产业化水平约 3.7 个百分点，促进农业现代化建设；优化土地利用结构布局，提高土地节约集约利用水平，同时，将土地整治与新农村建设相结合，加强农村基础设施和公共服务设施建设，可有效改变农村村容村貌，促进城乡统筹发展。

生态效益。规划期末，35% 以上的历史遗留损毁土地得到治理，100% 的生产建设活动新损毁土地得到及时复垦，绿色矿山格局基本建立；集中连片改良盐碱化土地，有效减少土地荒漠化面积，降低土地退化风险，提高土地生态安全程度和生态效益；形成良好的防护林体系，改善农田小气候，提高林木覆盖率，增强洪涝灾害抗御能力；通过土地整治和生态建设，提高农田生物多样性；将基本农田等优质耕地大面积连片布局，优化空间格局，构建景观优美、人与自然和谐的宜居环境。

第九章　切实保障规划实施

第一节　严格执行规划

加强规划实施的组织领导。地方各级人民政府应建立土地整治工作领导机构，加强对土地整治工作的组织领导，统筹推进土地整治各项工作，保障规划的实施。建立政府主导、国土搭台、部门合作、公众参与的工作机制，落实土地整治共同责任。建立目标责任制，将土地整治目标任务完成情况作为考核、评价地方政府土地管理工作绩效的重要内容。

健全土地整治规划体系。县级以上地方人民政府应按照下级规划服从上级规划的原则，组织编制和实施本区域土地整治规划，落实《全国土地整治规划（2011～2015年）》确定的各项目标和任务，形成全国、省、市、县四级土地整治规划体系。省级规划要提出规划期内省域范围内土地整治的目标任务，确定土地整治的重点区域和重大项目，落实示范建设任务，制定规划实施的政策措施。市级规划要提出规划期内市域范围内土地整治的目标任务，划定土地整治区域，确定土地整治重点项目，制定规划实施措施。县级规划要提出规划期内县域范围内土地整治的目标任务，确定土地整治项目、布局和时序安排，制定实施规划的措施。土地利用总体规划确定的城市建设用地区以外的乡（镇）、村，可结合实际组织编制乡（镇）、村土地整治规划，将土地整治任务落到项目和地块。县（市、区）可结合实际，以土地利用总体规划和土地整治规划为依据，组织编制土地复垦专项规划、耕地后备资源开发专项规划和城乡建设用地增减挂钩专项规划。土地整治规划要符合土地利用总体规划，并与主体功能区规划、城乡规划、产业规划、基础设施规划、水利规划、林地保护规划、生态环境规划等做好协调衔接。

严格土地整治规划的实施。规划一经批准，必须严格执行。土地整治项目的立项审批必须依据土地整治规划，各类土地整治活动必须符合土地整治规划。加强监督检查，禁止随意修改规划，切实维护规划的权威性和严肃性。

第二节　加强规划实施的公众参与

改进规划工作方式。编制各级土地整治规划，要坚持政府组织、专家领衔、部门合作、公众参与、科学决策的工作方针，科学安排各项工作，切实提高规划决策水平。建立健全规划编制的专家咨询制度和部门协调机制，加强规划的论证和协调。

切实维护土地权益。加强土地权属管理，明晰土地权利，切实维护土地权利人合法权益。建立健全听证制度，在土地整治规划编制、土地整治项目设计与工程建设中要充分听取当地群众的意见，引导群众全程参与，接受社会公众的监督。

推行信息公开制度。建立完善的规划信息公示制度，将土地整治规划及其调整、项目实施、竣工验收等信息及时向社会公众公开，提高规划实施的透明度，实行土地整治"阳光操作"。加大土地整治宣传力度，提高全社会对规划的认识程度，增强群众对规划实施的支持和参与程度。

第三节　健全规划实施管理制度

加强土地整治计划管理。抓好规划目标任务的分工落实，编制和实施土地整治年度计划，加强对计划执行情况的评估和考核，保障规划目标的落实。

严格土地整治资金管理。收足、用好、管住取自土地管理环节的各项资金，确保土地整治资金主渠道。建立政府主导、多元投入、有效整合的土地整治资金筹集、管理制度，采取预算不变、渠道不乱、用途不改的办法，捆绑投入，集中用于土地整治项目，充分发挥资金使用的综合效益。健全土地整治资金管理制度，确保资金按时到位、合理使用、有效监管。

建立健全土地整治工程项目实施监管体系。完善工作流程，建立健全土地整治听证制度，实施土地整治工程项目全过程监管。健全集中统一的土地整治备案制度。建立年度稽查、例行检查和重点督察三位一体的监管体系，将专项检查与经常性监督检查相结合，提高监管质量和效率。

完善重大工程实施和示范建设管理制度。建立中央与地方联合管理重大工程和示范建设机制，加强中央对重大工程和示范建设实施的监管力度。建立重大工程和示范建设实施评估监测制度，完善实施目标考核机制。加强实施重大工程和示范建设的技术保障。

第四节　创新土地整治激励机制

建立农田整治的经济激励机制。加大中央和地方财政的转移支付力度，构建区域补偿机制，完善新增建设用地土地有偿使用费因素法分配制度。加大对基本农田保护和补充耕地重点地区的支持力度，完善基本农田整治工程后续管护制度。探索建立耕地保护经济补偿机制，充分调动地方和农民保护耕地和建设旱涝保收高标准基本农田的积极性。

探索促进旧城镇、旧工矿、旧村庄改造的政策机制。在试点基础上，研究制定相关政策，鼓励挖掘存量建设用地潜力，鼓励各类企业在符合规划、不改变用途的前提下提高土地利用率，促进土地深度开发，促进经济发展方式转型。

探索土地复垦激励机制。按照"谁投资，谁受益"的原则，鼓励和引导社会资金参与土地复垦。依据《土地复垦条例》等有关规定，综合运用退还耕地占用税、补充耕地指标奖励、经济补贴等手段，调动土地复垦义务人、社会投资主体、土地权利人以及地方政府等参与土地复垦的积极性和主动性。

探索土地整治市场化机制。研究探索土地整治市场化资金运作模式，建立多元化的土地整治投融资渠道，形成以政府资金为主导，吸引社会资金投入的土地整治资金保障体系。制定社会资本投资土地整治项目的优惠政策，建立健全社会资本准入和退出机制，推进土地整治产业化。

第五节　加强基础和能力建设

积极推进土地整治立法工作。适应土地整治工作需要，积极推进土地整治相关法律法规的制定和完善，进一步巩固土地整治的法制基础。

健全土地整治技术标准体系。制定省、市、县三级土地整治规划及土地复垦、土地开发、城乡建设用地增减挂钩专项规划编制规程，加快制定或修订规划成果质量规范，提高各级规划编制的科学性。

推进土地整治规划管理信息化建设。依托国土资源监管系统，建立土地整治规划数据库，建立并完善土地整治项目报备系统，实现土地整治项目全面全程信息化监督管理，提高监管质量和效率。

提升土地整治科技支撑能力。加强土地整治理论、方法和技术手段研究，组织实施一批土地整治重大科技专项，开展技术集成与应用示范攻关。建设国家土地整治科研实验基地，建立土地整治国际合作交流平台。

加强土地整治队伍建设。健全土地整治机构管理职能，充分发挥土地整治机构的研究咨询、政策建议、技术服务和实施监管作用。加强土地整治专业教育，健全土地整治从业人员上岗认证和机构资质认证制度，切实提高土地整治管理和技术人才的专业素质。

规范土地整治市场服务。建立项目建设资质准入制度，严格设计、施工、建设单位的资信管理，提高土地整治规划队伍的业务素质和执行能力。建立规划设计、造价咨询、招标代理、工程监理、工程施工等机构的准入与退出机制，设立中介服务机构诚信档案，加强对中介服务机构从业人员的技术培训，促进各类中介机构提高技术服务质量。

附表 1　2011～2015 年与有关规划衔接建设旱涝保收高标准基本农田规模指标

地　区	旱涝保收高标准基本农田整治规模	
	万公顷	万　亩
全国	2666.7	40000
北京	7.5	112
天津	14.9	224
河北	161.3	2420
山西	54.6	819
内蒙古	75.8	1137
辽宁	75.1	1126
吉林	81.8	1227
黑龙江	213.1	3197
上海	9.9	148
江苏	157.7	2365
浙江	69.5	1043
安徽	175.4	2631
福建	21.7	325
江西	91.8	1377
山东	233.6	3504
河南	233.3	3500
湖北	147.5	2213
湖南	99.7	1495
广东	100.7	1510
广西	89.1	1336
海南	15.3	229
重庆	34.7	520
四川	166.4	2496
贵州	39.2	588
云南	85.8	1287
西藏	1.7	26

续表

地　区	旱涝保收高标准基本农田整治规模	
	万公顷	万　亩
陕西	62.7	941
甘肃	39.2	588
青海	8.0	120
宁夏	19.7	296
新疆	80.0	1200
其中：新疆兵团	16.8	252

附表2　2011～2015年土地整治补充耕地指标

地　区	土地整治补充耕地	
	万公顷	万　亩
全国	160	2400
北京	1.3	20
天津	1.5	22
河北	5.3	80
山西	4.7	70
内蒙古	5.5	82
辽宁	4.6	69
吉林	10.0	150
黑龙江	9.3	140
上海	1.6	24
江苏	6.3	95
浙江	5.7	85
安徽	5.7	85
福建	3.0	45
江西	4.9	73
山东	8.0	120
河南	7.7	115
湖北	4.7	70
湖南	4.3	64

续表

地　区	土地整治补充耕地	
	万公顷	万　亩
广东	3.7	55
广西	4.0	60
海南	0.9	14
重庆	3.3	50
四川	7.4	111
贵州	3.2	48
云南	4.7	71
西藏	0.9	14
陕西	3.7	55
甘肃	3.1	46
青海	2.8	42
宁夏	4.0	60
新疆	24.3	365
其中：新疆兵团	3.9	58

附表3　全国高标准基本农田建设示范县

地　区	高标准基本农田建设示范县
北京	通州区
天津	宁河县
河北	元氏县、辛集市、藁城市、晋州市、新乐市、鹿泉市、唐山市丰南区、唐山市丰润区、滦县、滦南县、乐亭县、邯郸县、临漳县、成安县、大名县、磁县、肥乡县、永年县、满城县、清苑县、定州市、涿州市、安国市、徐水县、定兴县、安新县、雄县、容城县、冀州市、枣强县、武邑县、深州市、故城县、景县、阜城县
山西	襄汾县、洪洞县、忻州市忻府区、平遥县、祁县、太谷县、原平市、静乐县、神池县、运城市盐湖区、永济市、芮城县、临猗县、万荣县
内蒙古	阿荣旗、通辽市科尔沁区、翁牛特旗、开鲁县、扎赉特旗、突泉县、土默特左旗、赤峰市松山区、巴林左旗、巴彦淖尔市临河区、乌拉特前旗、乌拉特中旗、土默特右旗、托克托县、凉城县
辽宁	康平县、法库县、辽中县、庄河市、瓦房店市、普兰店市、海城市、台安县、东港市、北镇市、黑山县、义县、大石桥市、阜新蒙古族自治县

续表

地　区	高标准基本农田建设示范县
吉林	榆树市、德惠市、东辽县、镇赉县、大安市、蛟河市、桦甸市、舒兰市、公主岭市、梨树县、伊通满族自治县、前郭尔罗斯蒙古族自治县、长岭县、敦化市、龙井市
黑龙江	哈尔滨市呼兰区、哈尔滨市阿城区、双城市、巴彦县、木兰县、通河县、延寿、方正县、绥化市北林区、庆安县、绥棱县、兰西县、青冈县、佳木斯市郊区、桦川县、富锦市、集贤县、讷河市、依安县、龙江县、甘南县、密山市、宝清县、宁安市、海林市、林口县、肇源县、肇州县、肇东市、安达市、农垦建三江管理局、农垦红兴隆管理局、农垦宝泉岭管理局、农垦牡丹江管理局、农垦九三管理局、农垦北安管理局
上海	崇明县
江苏	徐州市铜山区、新沂市、如皋市、灌云县、涟水县、盱眙县、洪泽县、响水县、滨海县、射阳县、建湖县、东台市、宝应县、高邮市、扬州市江都区、泗阳县
浙江	杭州市余杭区、杭州市萧山区、临安市、宁海县、宁波市鄞州区、余姚市、嘉善县、海盐县、平湖市、湖州市南浔区、长兴县、安吉县、诸暨市、上虞市、嵊州市、衢州市衢江区、龙游县、江山市
安徽	肥东县、肥西县、南陵县、怀远县、枞阳县、凤台县、当涂县、濉溪县、临泉县、颍上县、宿州市埇桥区、灵璧县、泗县、涡阳县、蒙城县、利辛县、定远县、凤阳县、明光市、霍邱县
福建	清流县、宁化县、尤溪县、将乐县、建宁县、武夷山市、浦城县、邵武市、建阳市、长汀县、上杭县、武平县、连城县
江西	南昌县、新建县、进贤县、乐平市、新余市渝水区、贵溪市、吉水县、永丰县、泰和县、安福县、永新县、弋阳县、鄱阳县、万年县、丰城市、樟树市、高安市、奉新县、东乡县、宜丰县、抚州市临川区、永修县、宁都县、安远县、赣县、寻乌县、兴国县、于都县、会昌县、上犹县
山东	章丘市、商河县、济阳县、胶州市、即墨市、平度市、莱西市、滕州市、莱阳市、莱州市、安丘市、昌邑市、高密市、青州市、诸城市、嘉祥县、汶上县、寿光市、邹城市、沂南县、郯城县、苍山县、阳谷县、莘县、茌平县、冠县、惠民县、无棣县、邹平县、乐陵市、陵县、齐河县、菏泽市牡丹区、曹县、单县、郓城县
河南	杞县、兰考县、延津县、封丘县、温县、虞城县、民权县、夏邑县、柘城县、永城市、商水县、鹿邑县、郸城县、遂平县、西平县、汝南县、平舆县、正阳县、方城县、社旗县、息县、淮滨县、固始县、通许县、长垣县、滑县、内黄县、浚县、清丰县、南乐县、武陟县、孟州市、舞阳县、上蔡县、唐河县、襄城县
湖北	当阳市、枝江市、枣阳市、宜城市、沙洋县、孝昌县、京山县、监利县、洪湖市、松滋市、浠水县、黄梅县、天门市、随州市曾都区、赤壁市、利川市、广水市、仙桃市

续表

地　区	高标准基本农田建设示范县
湖南	宁乡县、浏阳市、茶陵县、攸县、衡南县、邵东县、隆回县、武岗市、华容县、湘阴县、汉寿县、澧县、桃源县、慈利县、益阳市赫山区、沅江市、安仁县、道县、溆浦县、涟源市、双峰县、新田县
广东	始兴县、仁化县、南雄市、郁南县、云安县、揭东县、海丰县、博罗县、怀集县、增城市
广西	桂平市、平南县、贵港市覃塘区、贵港市港南区、横县、合浦县、钦州市钦北区、博白县、来宾市兴宾区、兴业县、南宁市邕宁区、武鸣县、宾阳县、柳城县、柳江县、鹿寨县、临桂县、象州县
海南	澄迈县、临高县
重庆	江津区、潼南县、铜梁县、大足区、梁平县、垫江县
四川	崇州市、荣县、泸县、合江县、中江县、盐亭县、剑阁县、苍溪县、遂宁市安居区、射洪县、宜宾县、武胜县、仁寿县、达县、大竹县、简阳市、西充县、叙永县、古蔺县、沐川县、马边彝族自治县、普格县、布拖县、金阳县、昭觉县、喜德县、越西县、美姑县、雷波县、屏山县
贵州	绥阳县、湄潭县、江口县、金沙县、威宁彝族回族苗族自治县、六盘水市六枝特区、平坝县、黄平县、三穗县、天柱县、毕节市七星关区、黔西县、织金县、纳雍县、赫章县、大方县、赤水市、习水县、桐梓县
云南	宜良县、石林彝族自治县、嵩明县、师宗县、保山市隆阳区、施甸县、昌宁县、易门县、元江哈尼族彝族傣族自治县、洱源县、禄劝彝族苗族自治县、寻甸回族彝族自治县、会泽县、宣威市、昭通市昭阳区、鲁甸县、巧家县、盐津县、大关县、永善县、绥江县、镇雄县、彝良县、威信县、武定县
西藏	江孜县
陕西	西安市长安区、蓝田县、周至县、宝鸡市陈仓区、岐山县、扶风县、三原县、泾阳县、乾县、大荔县、蒲城县、富平县
甘肃	酒泉市肃州区、山丹县、榆中县、临夏县、会宁县、定西市安定区、临洮县、宁县、平凉市崆峒区、秦安县、成县、古浪县
青海	民和回族土族自治县、湟中县
宁夏	永宁县、贺兰县、石嘴山市惠农区、中宁县、吴忠市利通区、中卫市沙坡头区
新疆	察布查尔锡伯自治县、巩留县、昌吉市、奇台县、福海县、布尔津县、额敏县、沙湾县、精河县、吐鲁番市、巴里坤哈萨克自治县、且末县、沙雅县、墨玉县、巴楚县、英吉沙县

附表4　农用地整治重点区域

序号	区域名称	所辖县（市、区）
1	华北平原区	**山东**：荏平县、东阿县、高唐县、冠县、惠民县、济阳县、临邑县、陵县、平原县、齐河县、商河县、寿光市、莘县、阳谷县、禹城市、安丘市、苍山县、昌乐县、昌邑市、东平县、肥城市、费县、高密市、即墨市、胶南市、胶州市、莒南县、莒县、莱西市、莱阳市、莱州市、临沭县、蒙阴县、宁阳县、平度市、平邑县、平阴县、曲阜市、泗水县、郯城县、滕州市、五莲县、新泰市、沂南县、沂水县、章丘市、邹城市、邹平县、曹县、单县、嘉祥县、微山县、汶上县、兖州市
		河北：保定市市辖区、涿州市、高碑店市、定兴县、徐水县、容城县、雄县、安新县、望都县、清苑县、高阳县、定州市、安国市、博野县、蠡县、廊坊市市辖区、固安县、永清县、大城县、文安县、沧州市市辖区、任丘市、肃宁县、河间市、青县、献县、沧县、黄骅市、泊头市、南皮县、孟村县、盐山县、海兴县、东光县、吴桥县、石家庄市市辖区、新乐市、正定县、无极县、深泽县、栾城县、藁城市、晋州市、辛集市、赵县、高邑县、衡水市市辖区、安平县、饶阳县、武强县、武邑县、阜城县、枣强县、冀州市、深州市、景县、故城县、新河县、巨鹿县、南宫市、任县、南和县、沙河市、平乡县、广宗县、清河县、威县、临西县、邯郸市市辖区、永年县、鸡泽县、曲周县、广平县、邱县、馆陶县、成安县、临漳县、魏县、大名县、肥乡县、涞水县、易县、涞源县、满城县、顺平县、唐县、曲阳县、阜平县、行唐县、灵寿县、鹿泉市、井陉县、邢台县、宁晋县、柏乡县、隆尧县、内丘县、武安市、涉县、唐山市市辖区、张家口市辖区、承德市坝下地区
		河南：濮阳县、南乐县、清丰县、范县、台前县、安阳县、内黄县、滑县、林州市、汤阴县、新乡县、卫辉市、辉县市、延津县、封丘县、原阳县、长垣县、获嘉县、淇县、修武县、武陟县、沁阳市、博爱县、温县、孟州市、郸城县、淮滨县、鹿邑县、平舆县、确山县、汝南县、遂平县、息县、永城市、正阳县、虞城县
		安徽：蚌埠市市辖区、砀山县、凤台县、阜阳市市辖区、固镇县、亳州市市辖区、怀远县、灵璧县、蒙城县、泗县、埇桥区、濉溪县、太和县、五河县、萧县、颍上县、霍邱县、利辛县、明光市、淮北市市辖区、界首市、临泉县、阜南县、淮南市市辖区、涡阳县
		江苏：东海县、赣榆县、淮安市市辖区、涟水县、沭阳县、响水县、新沂市、徐州市市辖区、宿迁市市辖区、灌南县、灌云县、泗阳县
2	长江中下游平原区	**河南**：邓州市、方城县、固始县、光山县、潢川县、罗山县、泌阳县、内乡县、社旗县、唐河县、桐柏县、新野县、镇平县、南召县、西峡县、淅川县
		江苏：宝应县、滨海县、大丰市、东台市、阜宁县、高邮市、洪泽县、建湖县、金湖县、射阳县、兴化市、邳州市、新沂市、铜山县、睢宁县、沛县、丰县、泗洪县、洪泽县、盱眙县、盐城市市辖区、海安县、如皋市、如东县、扬州市市辖区、江都区、仪征市、泰州市市辖区、兴化市、泰兴市、姜堰市、靖江市、江宁区、六合区、溧水县、高淳县、常熟市、张家港市、太仓市、吴江市、锡山区、惠山区、江阴市、宜兴市、金坛市、溧阳市、丹阳市、扬中市、句容市、丹徒区

续表

序号	区域名称	所辖县（市、区）
2	长江中下游平原区	**湖北**：黄陂区、新洲区、江夏区、大冶市、阳新县、夷陵区、当阳市、枝江市、枣阳市、襄州区、宜城市、老河口市、南漳县、谷城县、鄂州市市辖区、沙洋县、京山县、钟祥市、孝南区、应城市、汉川市、云梦县、安陆市、孝昌县、大悟县、荆州区、监利县、江陵县、洪湖市、公安县、石首市、松滋市、麻城市、浠水县、黄梅县、蕲春县、团风县、武穴市、咸安区、赤壁市、崇阳县、嘉鱼县、随州市市辖区、随县、广水市、仙桃市、潜江市、天门市、利川市、建始县 **江西**：安义县、鄱阳县、东乡县、丰城市、高安市、进贤县、乐平市、抚州市市辖区、南昌县、彭泽县、万年县、新建县、永修县、余干县、余江县、樟树市、九江县、湖口县、德安县、星子县、都昌县、瑞昌市、武宁县、修水县、上饶县、铅山县、弋阳县、横峰县、玉山县、广丰县、德兴市、浮梁县、贵溪市、上高县、万载县、崇仁县、乐安县、金溪县、宜黄县、黎川县、南丰县、南城县、广昌县、分宜县、兴国县、赣县、大余县、龙南县、定南县、全南县、信丰县、上犹县、瑞金市、崇义县、石城县、会昌县、南康市、宁都县、于都县、安远县、吉安县、新干县、峡江县、永丰县、吉水县、永新县、安福县、泰和县、万安县、遂川县、井冈山市、莲花县、上栗县、芦溪县、宜春市市辖区、奉新县、靖安县、宜丰县、铜鼓县、新余市市辖区、寻乌县 **安徽**：滁州市市辖区、天长市、全椒县、来安县、定远县、凤阳县、合肥市市辖区、肥东县、肥西县、长丰县、巢湖市、庐江县、六安市市辖区、寿县、舒城县、马鞍山市市辖区、含山县、和县、芜湖市市辖区、芜湖县、南陵县、繁昌县、无为县、铜陵市市辖区、铜陵县、池州市市辖区、东至县、宣城市市辖区、郎溪县、桐城市、枞阳县、怀宁县、望江县、宿松县、太湖县、当涂县、潜山县、休宁县
		湖南：常德市市辖区、澧县、津市市、临澧县、桃源县、安乡县、汉寿县、益阳市市辖区、南县、沅江市、岳阳市市辖区、岳阳县、临湘市、华容县、汨罗市、湘阴县、长沙市市辖区、长沙县、宁乡县、望城区、邵阳市市辖区、邵阳县、新邵县、邵东县、湘潭市市辖区、湘潭县、韶山市、湘乡市、娄底市市辖区、涟源市、株洲市市辖区、株洲县、醴陵市、攸县、茶陵县、衡阳市市辖区、衡阳县、衡山县、衡东县、衡南县、祁东县、耒阳市、常宁市、安仁县、永兴县、永州市市辖区、东安县、祁阳县、浏阳市、隆回县、洞口县、石门县、双峰县、平江县、慈利县、道县、新化县、溆浦县、永顺县
		浙江：湖州市市辖区、长兴县、德清县、嘉兴市市辖区、嘉善县、平湖市、海盐县、海宁市、桐乡市、杭州市市辖区、绍兴市市辖区、绍兴县、上虞市、宁波市市辖区、慈溪市、余姚市、奉化市、宁海县、象山县、开化县、常山县、江山市、龙游县、兰溪市、武义县、永康市、磐安县、东阳市、义乌市、浦江县
		上海：崇明县

续表

序号	区域名称	所辖县（市、区）
3	东北平原区	**黑龙江**：黑龙江省农垦各管理局、哈尔滨市市辖区、五常市、巴彦县、方正县、木兰县、通河县、双城市、依兰县、佳木斯市市辖区、桦川县、桦南县、汤原县、富锦市、绥化市市辖区、肇东市、安达市、海伦市、庆安县、绥棱县、望奎县、兰西县、青冈县、明水县、齐齐哈尔市市辖区、龙江县、甘南县、泰来县、富裕县、讷河市、克山县、依安县、大庆市市辖区、肇源县、杜尔伯特县、林甸县、肇州县、集贤县、饶河县、宝清县、密山市、虎林市、绥滨县、萝北县、林口县、宁安市、穆棱市、东宁县、黑河市市辖区、嫩江县、孙吴县、北安市、五大连池市、伊春市市辖区、铁力市、嘉荫县
		吉林：敦化市、桦甸市、蛟河市、白城市市辖区、长春市市辖区、公主岭市、长岭县、大安市、德惠市、东丰县、东辽县、扶余县、吉林市市辖区、九台市、梨树县、辽源市市辖区、梅河口市、农安县、磐石市、乾安县、舒兰市、双辽市、松原市市辖区、通榆县、伊通县、永吉县、榆树市、镇赉县、洮南市、前郭尔罗斯县、柳河县、辉南县
		内蒙古：扎兰屯市、阿荣旗、莫力达瓦旗、乌兰浩特市、科尔沁右翼前旗、科尔沁右翼中旗、扎赉特旗、突泉县、开鲁县、扎鲁特旗、赤峰市市辖区、巴林右旗、阿鲁科尔沁旗、林西县、克什克腾旗、翁牛特旗、喀喇沁旗、宁城县、敖汉旗
		辽宁：新民市、康平县、法库县、黑山县、阜新市市辖区、阜新县、彰武县、西丰县、苏家屯区、辽中县、海城市、台安县、北镇市、凌海市、义县、大石桥市、灯塔市、辽阳县、盘山县、大洼县、开原市、铁岭县、昌图县
4	华南丘陵平原区	**广西**：金秀县、来宾市市辖区、柳城县、柳江县、柳州市市辖区、隆林县、鹿寨县、象州县、忻城县、宜州市、上林县、宾阳县、横县、凭祥市、隆安县、天等县、大新县、崇左市市辖区、扶绥县、龙州县、宁明县、港北区、港南区、桂平市、平南县、玉林市市辖区、陆川县、北流市、容县、博白县、蒙山县、藤县、岑溪市、苍梧县、武鸣县、邕宁区、钦南区、钦北区、灵山县、浦北县、防城区、上思县、合浦县、田阳县、田东县、平果县、德保县、靖西县、那坡县、百色市市辖区、凌云县、乐业县、田林县、西林县、河池市市辖区、南丹县、天峨县、凤山县、东兰县、罗城县、环江县、巴马县、都安县、大化县
		广东：潮南区、潮阳区、澄海区、南澳县、潮安县、饶平县、揭东县、揭西县、惠来县、普宁市、海丰县、陆河县、陆丰市、梅县、大埔县、丰顺县、五华县、平远县、蕉岭县、兴宁市、紫金县、龙川县、连平县、和平县、东源县、博罗县、惠东县、龙门县、始兴县、仁化县、翁源县、乳源县、新丰县、乐昌市、南雄市、佛冈县、阳山县、连山县、连南县、清新县、英德市、连州市、新会区、台山市、开平市、鹤山市、恩平市、广宁县、怀集县、封开县、德庆县、高要市、四会市、新兴县、郁南县、罗定市、阳西县、阳东县、阳春市、电白县、高州市、化州市、信宜市、遂溪县、徐闻县、廉江市、雷州市、吴川市
		海南：海口市市辖区、琼海市、文昌市、澄迈县、临高县、定安县、乐东县、东方市

续表

序号	区域名称	所辖县（市、区）
5	浙闽丘陵平原区	**福建**：连江县、长乐市、福清市、平潭县、罗源县、惠安县、南安市、晋江市、石狮市、厦门市同安区、龙海市、漳浦县、云霄县、诏安县、东山县、长泰县、平和县、福鼎市、柘荣县、福安市、霞浦县、仙游县、浦城县、光泽县、邵武市、建阳市、建瓯市、松溪县、顺昌县、泰宁县、将乐县、宁化县、清流县、明溪县、沙县、尤溪县、屏南县、古田县、建宁县、武夷山市、长汀县、上杭县、武平县、连城县
		浙江：台州市市辖区、三门县、临海市、温岭市、玉环县、温州市市辖区、乐清市、洞头县、瑞安市、平阳县、苍南县
6	云贵高原区	**贵州**：毕节市市辖区、大方县、金沙县、纳雍县、盘县、黔西县、水城县、兴义市、织金县、遵义市市辖区、遵义县、遵义市红花岗区、湄潭县、余庆县、都匀市、福泉市、贵定县、龙里县、惠水县、长顺县、凯里市、黄平县、麻江县、丹寨县、贵阳市市辖区、开阳县、息烽县、修文县、清镇市、安顺市市辖区、普定县、平坝县、六枝特区、威宁县
		云南：保山市市辖区、昌宁县、凤庆县、富宁县、富源县、耿马县、广南县、河口县、景东县、景谷县、梁河县、临沧市市辖区、龙陵县、泸西县、陆良县、芒市、罗平县、马关县、马龙县、弥勒县、墨江县、南涧县、丘北县、曲靖市市辖区、师宗县、施甸县、双江县、腾冲县、文山市、西畴县、宣威市、砚山县、永德县、云县、沾益县、镇康县、镇沅县、安宁市、禄劝县、富民县、嵩明县、寻甸县、宜良县、石林县、晋宁县、东川区、官渡区、呈贡县、西山区、五华区、盘龙区、会泽县、新平县、峨山县、易门县、红塔区、通海县、江川县、绥江县、华宁县、元江县、南华县、楚雄市、大姚县、姚安县、双柏县、牟定县、永仁县、元谋县、禄丰县、武定县、建水县、石屏县、个旧市、蒙自市、原阳县、绿春县、屏边县、红河县、开远市、金平县
7	黄土高原区	**陕西**：定边县、府谷县、靖边县、神木县、大荔县、富平县、蒲城县、三原县、渭南市市辖区、西安市市辖区、安塞县、佳县、绥德县、吴起县、延安市宝塔区、榆林市市辖区、志丹县、子洲县、宝鸡市市辖区、澄城县、合阳县、陇县、子长县、延川县、铜川市市辖区、长武县、旬邑县、彬县、淳化县、永寿县、乾县、武功县、礼泉县、泾阳县
		宁夏：固原市区、海原县、彭阳县、同心县、西吉县、盐池县、隆德县
		甘肃：定西市市辖区、岷县、漳县、陇西县、渭源县、通渭县、平凉市市辖区、泾川县、庄浪县、灵台县、华亭县、崇信县、静宁县、庆阳市市辖区、会宁县、宁县、镇原县、合水县、庆城县、华池县、麦积区、武山县、甘谷县、清水县、秦安县、张家川县、临夏县、广河县、和政县、康乐县、东乡族自治县、永靖县、积石山县、环县、徽县、成县、西和县、礼县
		青海：互助县、门源县、大通县、湟中县、湟源县、乐都县、民和县、同仁县、平安县
		山西：保德县、河曲县、岢岚县、临县、宁武县、偏关县、神池县、五寨县、兴县、大宁县、吉县、乡宁县、蒲县、永和县

续表

序号	区域名称	所辖县（市、区）
8	四川盆地及秦巴山地区	**四川**：安岳县、苍溪县、达县、达州市市辖区、大英县、大竹县、富顺县、古蔺县、广安市广安、合江县、华蓥市、简阳市、剑阁县、江安县、开江县、阆中市、乐至县、邻水县、隆昌县、泸州市、内江市市辖区、南部县、南充市市辖区、南溪区、蓬安县、蓬溪县、平昌县、渠县、仁寿县、三台县、江油市、射洪县、遂宁市市辖区、武胜县、西充县、兴文县、叙永县、盐亭县、仪陇县、营山县、岳池县、中江县、资中县
		重庆：长寿区、大足区、垫江县、丰都县、涪陵区、綦江区、铜梁县、忠县、潼南县、万州区、南川区、荣昌县、璧山县、梁平县、石柱县、武隆县、开县、云阳县、奉节县、巫山县、巫溪县、北碚区、渝北区、巴南区、永川区、合川区、江津区
		陕西：汉台区、勉县、南郑县、城固县、西乡县、洋县、宁强县、汉滨区、汉阴县、旬阳县、平利县、商州区、丹凤县、商南县
9	内蒙古高原区	**内蒙古**：阿鲁科尔沁旗、敖汉旗、赤峰市市辖区、开鲁县、科尔沁右翼前旗、科尔沁右翼中旗、科尔沁左翼后旗、科尔沁左翼中旗、库伦旗、奈曼旗、通辽市市辖区、突泉县、翁牛特旗、乌兰浩特市、宁城县、察哈尔右翼后旗、察哈尔右翼前旗、察哈尔右翼中旗、达拉特旗、丰镇市、杭锦旗、和林格尔县、乌兰察布市市辖区、凉城县、清水河县、太仆寺旗、兴和县、准格尔旗、卓资县、包头市市辖区、呼和浩特市市辖区、土默特右旗、土默特左旗、托克托县、乌拉特前旗、达尔罕茂明安联合旗、鄂温克族自治旗、固阳县、四子王旗、乌拉特中旗、武川县
		辽宁：北票市、朝阳县、建平县
		河北：双桥区、沽源县、康保县、尚义县、张北县
10	新疆天山山麓绿洲区	**新疆**：乌鲁木齐县、米东区、哈密市、巴里坤县、伊吾县、吐鲁番市、鄯善县、托克逊县、昌吉市、阜康市、呼图壁县、玛纳斯县、吉木萨尔县、木垒县、奇台县、伊宁县、霍城县、新源县、巩留县、察布查尔县、尼勒克县、昭苏县、特克斯县、塔城市、乌苏市、沙湾县、额敏县、和布克赛尔县、裕民县、托里县、阿勒泰市、富蕴县、福海县、吉木乃县、青河县、哈巴河县、布尔津县、博乐市、精河县、温泉县、库尔勒市、焉耆回族自治县、轮台县、博湖县、和静县、和硕县、尉犁县、且末县、若羌县、阿克苏市、库车县、温宿县、阿瓦提县、拜城县、新河县、沙雅县、乌什县、柯坪县、阿图什市、阿合奇县、阿克陶县、乌恰县、喀什市、莎车县、疏附县、巴楚县、疏勒县、叶城县、英吉沙县、泽普县、麦盖提县、岳普湖县、伽师县、塔什库尔干县、和田市、和田县、于田县、民丰县、策勒县、洛浦县、墨玉县、皮山县（包括兵团部分团场）

附表5　土地复垦重点区域

序号	区域名称	所辖县（市、区）
1	冀东煤炭钢铁基地	**河北**：唐山市市辖区、玉田县、滦县、滦南县、迁安市、张家口市市辖区、赤城县、涞源县、兴隆县、蔚县

续表

序号	区域名称	所辖县（市、区）
2	黑吉辽煤炭钢铁有色金属基地	**黑龙江**：鹤岗市市辖区、双鸭山市市辖区、集贤县、宝清县、七台河市市辖区、勃利县、鸡西市市辖区、密山市、萝北县、绥滨县 **吉林**：珲春市、龙井市、前郭尔罗斯县、九台市、舒兰市、蛟河市、桦甸市、磐石市、梅河口市、辽源市市辖区、白山市市辖区、通化县、东辽县、抚松县、临江市、靖宇县、长白县、双阳区、图们市、敦化市、集安市、辉南县、二道江区、德惠市、双辽市、通榆县、江源区、洮北区、宁江区 **辽宁**：喀喇沁左翼县、建昌县、葫芦岛市市辖区、锦州市市辖区、北票市、阜新县、东港市、法库县、调兵山市、铁岭县、清原县、抚顺县、沈阳市辖区、灯塔市、辽阳县、本溪县、海城市、凤城市、岫岩县、桓仁县、凌海市、黑山县、义县、彰武县
3	冀南晋南豫北煤炭钢铁基地	**河北**：平山县、鹿泉市、井陉县、赞皇县、临城县、柏乡县、宁晋县、隆尧县、内丘县、任县、邢台县、南和县、平乡县、武安市、涉县、永年县、邯郸县、肥乡县、成安县、磁县、峰峰矿区、沙河市 **山西**：太原市市辖区、古交市、清徐县、交城县、柳林县、吕梁市市辖区、中阳县、汾阳市、孝义市、交口县、介休市、灵石县、汾西县、霍州市、蒲县、洪洞县、临汾市市辖区、吉县、乡宁县、河津市、五台县、寿阳县、阳泉市市辖区、平定县、昔阳县、和顺县、左权县、襄垣县、屯留县、潞城市、长治县、长子县、高平市、沁水县、阳城县、晋城市市辖区、垣曲县、平陆县、泽州县 **河南**：鹤壁市市辖区、辉县市、焦作市市辖区、修武县、三门峡市市辖区、陕县、渑池县、新安县、义马市、宜阳县、淇县、浚县
4	晋陕蒙甘新煤炭化工基地	**山西**：大同县、右玉县、左云县、怀仁县、山阴县、朔州市市辖区、岚县、神池县、原平市、宁武县 **陕西**：府谷县、神木县 **内蒙古**：东胜区、准格尔旗、达拉特旗、白云鄂博矿区、固阳县、伊金霍洛旗、鄂托克旗、土默特右旗、海勃湾区、乌达区、石拐区、陈巴尔虎旗、鄂温克族自治旗、通辽市市辖区、霍林郭勒市、扎鲁特旗、锡林浩特市、元宝山区 **甘肃**：红古区、七里河区、平川区、环县、华池县 **新疆**：米东区、石河子市、吐鲁番市、鄯善县、托克逊县、昌吉市、阜康市、呼图壁县、玛纳斯县、吉木萨尔县、木垒县、奇台县、克拉玛依市市辖区、博乐市、精河县、温泉县
5	苏鲁皖煤炭钢铁有色金属基地	**江苏**：南京市市辖区、徐州市市辖区、沛县 **安徽**：淮南市市辖区、凤台县、阜阳市市辖区、安庆市市辖区、怀宁县、淮北市市辖区、濉溪县、埇桥区、萧县、砀山县、霍邱县、金寨县、庐江县、涡阳县、蒙城县、利辛县、繁昌县、南陵县、贵池区、祁门县 **山东**：任城区、郓城县、微山县、邹城市、兖州市、滕州市、枣庄市市中区、巨野县、金乡县、新泰市、汶上县、龙口市、嘉祥县、曲阜市、鱼台县、齐河县、肥城市、莱城区、单县、宁阳县、薛城区、梁山县、济阳县

续表

序号	区域名称	所辖县（市、区）
6	豫中煤炭基地	**河南**：郑州市市辖区、登封市、新密市、新郑市、鲁山县、宝丰县、郏县、襄城县、平顶山市市辖区、叶县、舞阳县、永城市
7	鄂赣闽有色金属钢铁煤炭基地	**江西**：萍乡市市辖区、宜春市市辖区、分宜县、新余市市辖区、丰城市、东乡县、鹰潭市市辖区、贵溪市、铅山县、泰和县、兴国县、于都县、石城县、瑞昌市、德兴市、大余县、全南县、龙南县、定南县、莲花县、上栗县、芦溪县、武宁县、修水县、安福县、赣县、安远县、会昌县、南康市、寻乌县、宁都县、崇义县 **湖北**：江夏区、黄石市市辖区、大冶市、阳新县、鄂城区、华容区、郧县、郧西县、竹山县、丹江口市、竹溪县、宜都市、当阳市、夷陵区、远安县、兴山县、秭归县、长阳县、五峰县、南漳县、保康县、宜城市、枣阳市、东宝区、京山县、钟祥市、应城市、安陆市、大悟县、云梦县、松滋市、武穴市、黄梅县、浠水县、蕲春县、赤壁市、嘉鱼县、通城县、崇阳县、通山县、随县、随州市市辖区、恩施市、利川市、建始县、巴东县、鹤峰县、来凤县、潜江市、神农架林区 **福建**：南平市市辖区、永安市、龙岩市市辖区、建瓯市、建阳市、顺昌县、浦城县、光泽县、松溪县、政和县、长汀县、连城县、武平县、古田县、永定县、上杭县、德化县、安溪县、宁化县、大田县、尤溪县
8	湘粤有色金属建材基地	**湖南**：临湘市、冷水江市、娄底市市辖区、湘乡市、韶山市、耒阳市、郴州市市辖区、桂阳县、资兴市、宜章县、临武县、常宁市 **广东**：仁化县、曲江区、乐昌市、新丰县、高要市、四会市、兴宁市、蕉岭县、梅县、阳春市、云浮市市辖区、连南县、英德市、连州市、连平县、连山县、龙门县、化州市、信宜市
9	广西有色金属建材煤炭基地	**广西**：南丹县、平果县、大新县、钟山县、象州县、来宾市市辖区、平乐县、恭城县、河池市市辖区、环江县、罗城县、田东县、德保县、靖西县、那坡县、天等县、扶绥县、贺州市市辖区、富川县、合山市
10	川滇黔渝有色金属钢铁化工基地	**四川**：会理县、米易县、盐边县、隆昌县、高县、筠连县、攀枝花市市辖区 **云南**：东川区、兰坪县、大姚县、牟定县、禄丰县、易门县、开远市、个旧市、安宁市、晋宁县、江川县、禄劝县、武定县、峨山县、元江县、新平县、富民县、会泽县、大理市、鹤庆县、剑川县、洱源县、澜沧县、普洱市市辖区、建水县、蒙自市、屏边县、文山市、砚山县、西畴县、麻栗坡县、马关县 **贵州**：修文县、务川县、江口县、石阡县、思南县、德江县、玉屏县、印江县、沿河县、松桃县、万山区、水城县、盘县、六枝特区、织金县、普定县、镇宁县、开阳县、息烽县、福泉市、瓮安县 **重庆**：永川区、荣昌县、万州区、北碚区、綦江区

附表6 土地开发重点区域

序号	区域名称	所辖县（市、区）
1	东部沿海滩涂区	山东：寿光市、广饶县、无棣县、利津县、垦利县、河口区、沾化县、东营区、昌邑市
		江苏：赣榆县、响水县、滨海县、射阳县、大丰市、东台市、海安县、如东县、海门市、启东市
2	河套银川平原区	内蒙古：巴彦淖尔市市辖区、五原县、乌拉特前旗、土默特右旗、土默特左旗、托克托县
		宁夏：石嘴山市市辖区、银川市市辖区、吴忠市市辖区、青铜峡市、中宁县、灵武市
3	滇西南地区	云南：保山市市辖区、腾冲县、昌宁县、施甸县、龙陵县、楚雄市、永仁县、宾川县、漾濞县、祥云县、永平县、巍山县、弥渡县、南涧县、盈江县、梁河县、陇川县、芒市、个旧市、红河县、元阳县、凤庆县、云县、永德县、镇康县、耿马县、双江县、沧源县、临沧市市辖区、景东县、墨江县、景谷县、普洱市市辖区、镇沅县、新平县、元江县、宁洱县、江城县、澜沧县、孟连县、西盟县、景洪市、勐海县、勐腊县
4	川西南地区	四川：九龙县、峨边县、马边县、木里县、甘洛县、冕宁县、越西县、美姑县、雷波县、喜德县、昭觉县、盐源县、西昌市、金阳县、布拖县、普格县、德昌县、宁南县、会理县、会东县、眉山市市辖区、洪雅县、攀枝花市市辖区、盐边县、米易县、雅安市市辖区、芦山县、天全县、名山县、汉源县、石棉县、荥经县
5	吉林西部地区	吉林：榆树市、农安县、德惠市、九台市、白城市市辖区、镇赉县、大安市、通榆县、洮南市、公主岭市、双辽市、梨树县、松原市市辖区、前郭尔罗斯蒙古族自治县、乾安县、长岭县、扶余县
6	三江平原区	黑龙江：依兰县、鹤岗市市辖区、绥滨县、萝北县、鸡西市市辖区、虎林市、密山市、鸡东县、佳木斯市市辖区、抚远县、同江市、富锦市、汤原县、桦川县、桦南县、七台河市市辖区、勃利县、双鸭山市市辖区、饶河县、宝清县、集贤县、友谊县
7	新疆南北疆山麓绿洲区	新疆：伊宁县、霍城县、新源县、巩留县、察布查尔县、尼勒克县、昭苏县、特克斯县、阿勒泰市、富蕴县、福海县、吉木乃县、青河县、哈巴河县、布尔津县、莎车县、疏附县、巴楚县、疏勒县、叶城县、英吉沙县、泽普县、麦盖提县、和田市、岳普湖县、伽师县、和田县、于田县、民丰县、策勒县、洛浦县、墨玉县、皮山县、且末县、若羌县
8	甘肃河西走廊及中部沿黄灌区	甘肃：瓜州县、肃州区、玉门市、金塔县、敦煌市、古浪县、景泰县、靖远县、永登县、榆中县、平川区、皋兰县
9	青藏地区	青海：贵德县、尖扎县、化隆县、循化县、民和县、乐都县、共和县、同德县、贵南县、都兰县、乌兰县、德令哈市、格尔木市、门源县 西藏：扎囊县、谢通门县、萨迦县、日喀则市、曲水县、尼木县、南木林县、乃东县、隆子县、林周县、拉孜县、江孜县、贡嘎县、堆龙德庆县、定日县、达孜县、白朗县、昂仁县

附表7　土地整治重大工程

工程名称	涉及省份	涉及县（市、区）数量(个)	建设规模（万公顷）	新增耕地（万公顷）	资金需求（亿元）
粮食主产区基本农田整治工程	河北、内蒙古、辽宁、吉林、黑龙江、江苏、安徽、江西、山东、河南、湖北、湖南、四川、陕西、山西、海南	875	341	19.5	778
重点煤炭基地土地复垦工程	内蒙古、辽宁、吉林、黑龙江、山东、河南、陕西、山西、云南、贵州、安徽、新疆	180	38	15	365
西部生态建设地区农田整治工程	广西、贵州、宁夏、四川、云南、重庆、甘肃、青海、西藏	235	107	8.3	303
新疆伊犁河谷地土地开发工程	新疆	10	31.8	21.8	59
"7918"高速公路和"四纵四横"高铁沿线土地复垦工程	31个省（自治区、直辖市）	1404	5	0.5	16
"南水北调"水利工程沿线土地整治工程	河北、江苏、安徽、山东、河南、湖北、天津、北京	128	348	11.8	1004
战略后备区集中补充耕地工程	山东、内蒙古、宁夏、吉林、黑龙江、江苏、新疆、四川、云南、甘肃	172	45.7	15.6	148
城乡统筹区域农村建设用地整治示范工程	广东、北京、天津、河北、山东、辽宁、上海、江苏、浙江、四川、重庆、湖南、湖北、安徽、河南、甘肃、宁夏、陕西、山西、黑龙江、吉林、福建、广西、海南、贵州、云南、青海、新疆	549	78	6.0	316
合　　计		994.5	98.5		2989

附表8 土地整治重大工程实施区域及项目备选区域

重大工程名称	实施区域	项目备选区域
粮食主产区基本农田整治工程	东北平原区（三江平原、松嫩平原、辽河平原）、华北平原区（冀中南平原、河北太行山山麓平原、山东黄淮平原及胶东丘陵区、豫北黄淮海平原）、长江中下游平原区（江西鄱阳湖平原、湖北江汉平原、湖南洞庭湖平原、安徽淮河平原及皖中南山圩地区、苏沪地区、江苏黄淮海平原、杭嘉湖平原、浙江萧绍宁地区）、四川盆地（成都平原区、川中丘陵区）、陕西渭河流域、陕北黄土高原沟壑区、山西汾河谷地和雁北地区、河套平原区、海南丘陵平原台地区、鄂中鄂北丘陵岗地区、攀西安宁河谷地区	太行山山麓平原区、冀中南平原区、冀东滨海平原区、嫩江右岸流域区、西辽河流域地区、阴山北麓区、辽东半岛区、辽西北区、辽宁中部平原区、辽宁东部低山丘陵区、松辽平原区、松嫩平原区、三江平原东南部山区、小兴安岭山区、里下河区、太湖区、淮北平原区、江淮丘陵区、皖南低山丘陵区、赣北丘陵平原区、赣西北丘陵山地区、赣东北丘陵低山地区、赣中丘陵平原地区、赣南丘陵盆地区、赣南山丘盆地区、鲁北平原泛平原区、鲁西南黄淮平原区、鲁中南山前平原区、胶东丘陵区、豫北平原区、豫东平原区、豫南沿淮平原区、南阳盆地区、江汉平原及沿江平原区、鄂东丘陵低山区、鄂东南低山丘陵区、环洞庭湖区、涔天河流域、成都平原区、川中丘陵区、汾河谷地区、晋西北区、陕北黄土高原沟壑区、渭北黄土台塬区、关中平原区、河套平原区、海南环岛丘陵平原台地区、海口市南渡江流域、陕北黄土高原沟壑区
重点煤炭基地土地复垦工程	东北老工业基地、晋陕蒙半干旱区、鲁豫皖粮煤复合区、冀东煤炭基地、冀南煤炭基地、靖远煤矿复垦区、滇东北–滇中东部煤炭区	晋西北煤矿区、吕梁煤矿区、太原煤矿区、晋中煤矿区、晋东南煤矿区、晋南煤矿区、晋陕蒙煤炭化工基地、郑–平煤炭基地区、陕–洛煤炭基地区、鹤–焦煤炭基地区、永夏煤炭基地区、兖州煤炭基地区、鸡西煤矿区、长城沿线风沙滩地煤矿区、陕北黄土丘陵沟壑煤矿区、阜新煤矿区、抚顺煤矿区、铁法煤矿区、北票煤矿区、南票煤矿区、沈阳煤矿区、珲春煤矿区、通化煤矿区、舒兰煤矿区、辽源煤矿区、淮南–淮北煤矿区、华亭煤矿复垦区
西部生态建设地区农田整治工程	广西桂中南地区、广西桂西地区、四川川中地区、重庆渝中南丘陵地区、贵州黔中地区、云南滇中地区和滇西南中低山地区、宁夏银川平原地区、青海湟水流域、西藏"一江两河"流域滇东南地区、甘肃东部黄土丘壑区	浔江平原区、南宁盆地区、钦江三角洲地区、南流江三角洲地区、黔中中部溶丘盆地谷地区、黔中西部中山高原区、黔中南部山原区、黔中东部中低山丘陵区、黔中北部溶丘盆地中低山区、秦巴山地区、川西南中山地区、滇中南部高原盆地区、滇西中部丘陵和盆地区、滇中东部丘陵区、滇中方山丘陵区、滇中平行岭谷丘陵低山区、滇中中低山区、宁夏引黄灌区、盐灵同台地区、银川地区、宁夏南部黄土丘陵区、青海湟水流域、青海海西柴达木盆地区、青海海南台地、西藏"一江两河区"流域、崇左与百色边境地区、盆周山地和川西北地区、滇东南中低山岩溶山原区、滇东南褶皱带中山峰丛谷地区、滇东南岩溶盆地区

续表

重大工程名称	实施区域	项目备选区域
新疆伊犁河谷地土地开发工程	伊宁市、奎屯市、伊宁县、察布查尔锡伯自治县、霍城县、巩留县、新源县、昭苏县、特克斯县和尼勒克县	
"7918"高速公路和"四纵四横"高铁沿线土地复垦工程	"7918"高速公路和"四纵四横"沿线涉及地区	
"南水北调"水利工程沿线土地整治工程	苏北平原区、江苏沿江平原区、皖北平原区、鲁东半岛与鲁中丘陵山地区、鲁东滨海冲积平原区、鲁西平原区、冀中南平原区、冀东滨海平原区、冀中南平原区、冀西山地丘陵区、鄂西北山地区、鄂北丘岗区、鄂中平原区、豫南平原区、豫西山地丘陵区、北京平原区、津滨海平原区	苏北黄泛区、苏东盐化平原区、苏北里下河平原区、江苏沿江平原区、皖北平原区、安徽沿江平原区、安徽江淮平原区、皖西南山地丘陵区、鲁东半岛与鲁中丘陵山地区、鲁东滨海冲积平原区、鲁西平原区、冀中南山麓平原区、冀东滨海平原区、鄂西北山地区、鄂北丘岗区、鄂中平原区、豫南平原区、豫中平原区、豫西山地丘陵区、豫西河谷盆地区、北京平原区、津西平原区、津滨海平原区
战略后备区集中补充耕地工程	东部沿海区、河套银川平原区、滇西南地区、川西南地区、吉林西部地区、三江平原地区、甘肃河西走廊地区、新疆南北疆山麓绿洲区	东部沿海区、河套银川平原区、滇西南地区、川西南地区、吉林东部地区、三江平原地区、甘肃河西走廊地区、新疆南北疆山麓绿洲区（包括新疆兵团部分团场）
城乡统筹区域农村建设用地整治示范工程	辽东半岛、黄淮海平原、山东半岛、长江三角洲平原、珠江三角洲平原、冀中南地区、太原城市群地区、呼包鄂榆地区、哈长地区、东陇海地区、江淮地区、海峡西岸经济区、中原经济区、长江中游地区、北部湾地区、成渝地区、黔中地区、滇中地区、关中—天水地区、兰州—西宁地区、宁夏沿黄经济区、天山北坡地区	京西北区、京东南区、津西南区、冀东沿海区、冀南区、冀北区、鲁东半岛及黄河三角洲地区、辽宁沿海经济区、上海市、苏南环太湖地区、江苏沿江区、江苏沿运河区、江苏沿海区、浙江沿海区、沪宁杭沿线区、杭宁湖沿线区、温州金华区、佛山肇庆区、深圳东莞惠州区、珠海中山江门区

政策文件

ZhengCe WenJian

国土资源部　财政部关于加快编制和实施土地整治规划大力推进高标准基本农田建设的通知

国土资发〔2012〕63号

各省、自治区、直辖市及计划单列市国土资源主管部门、财政厅（局），
新疆生产建设兵团国土资源局、财务局：

党中央、国务院高度重视土地整治工作，明确提出"要推进农村土地整治，加快农村土地整理复垦，着力提高耕地质量建设，大规模建设旱涝保收高标准农田，夯实农业现代化基础"。按照国务院关于"制定并实施全国土地整治规划，加快建设高标准基本农田，力争'十二五'期间再建成4亿亩旱涝保收的高标准基本农田"的要求，国土资源部会同国务院有关部门编制了《全国土地整治规划（2011～2015年）》（以下简称《全国规划》），并经国务院批准印发各地实施。为了贯彻落实《全国规划》，确保4亿亩高标准基本农田建设等目标任务的实现，迫切需要加快编制和实施地方各级土地整治规划，大力推进土地整治特别是旱涝保收高标准基本农田建设。现就有关事项通知如下：

一、充分认识编制和实施土地整治规划，大力推进高标准基本农田建设的重要意义

土地整治是优化土地利用结构、促进耕地保护、提高节约集约用地水

平的重要手段，是统筹经济社会发展和土地资源保护、落实最严格土地管理制度的重要举措。大力推进土地整治，加快建设4亿亩旱涝保收高标准基本农田，是国务院赋予地方各级人民政府、国土资源部及国务院相关部门的重要职责，是当前各级国土资源管理部门服务"三农"、保障和促进经济社会又好又快发展的首要任务。各级国土资源管理部门和财政部门务必高度重视、提高认识，千方百计做好工作，全力推进土地整治和高标准基本农田建设。

土地整治规划是开展土地整治和建设旱涝保收高标准基本农田的基本依据，是保障土地整治科学、有序开展的重要前提。各级国土资源管理部门和财政部门要充分认识编制和实施土地整治规划的重要性和紧迫性，在地方人民政府的领导下，会同有关部门，精心组织、周密部署，加快推进地方各级土地整治规划编制，切实落实《全国规划》确定的土地整治目标任务。

二、加快推进各级土地整治规划编制，切实提高规划的科学性、可行性和可操作性

《全国规划》提出了土地整治的方针政策和总体目标，明确了4亿亩旱涝保收高标准基本农田建设任务，确定了土地整治的重点区域、重大工程和示范建设任务。地方各级土地整治规划，要以促进农业现代化和城乡统筹发展为出发点和落脚点，以建设4亿亩高标准基本农田为重点，统筹安排农田和村庄土地整治、损毁土地复垦和宜耕后备土地开发，同时，安排好城乡建设用地增减挂钩、工矿废弃地复垦调整利用、低丘缓坡荒滩土地开发利用、旧城镇旧厂矿改造和城市土地二次开发等各项活动，逐级分解《全国规划》确定的目标任务。工矿废弃地集中的县（市、区），可结合实际组织编制土地复垦专项规划。

省级规划重点分解下达土地整治特别是高标准基本农田建设任务，确定重点工程和投资方向；市级规划重点提出土地整治的规模、结构和区域布局，分解落实高标准基本农田建设任务，确定重点项目和资金安排；县级规划重点确定土地整治和高标准基本农田建设的项目、布局和工程措施，明确实施时序，提出资金安排计划。规划编制所需经费由同级财政部门安排。

土地整治规划编制，要以土地利用总体规划为依据，并做好与城乡建设、农业发展、产业布局、水利建设、生态环境保护等相关规划的协调衔接；要按照有关技术规范的要求，充分利用已有土地调查研究成果，摸清各类土地资源特别是高标准基本农田现状，科学分析土地整治潜力，深入开展重大专题研究，为规划编制奠定坚实基础；要坚持自上而下、上下结合，坚持公众参与、科学决策，切实做好规划协调论证，广泛征求专家和公众意见。

本次土地整治规划以 2010 年为规划基期，以 2015 年为规划目标年，展望到 2020 年。规划成果报经上一级国土资源管理部门审核，并做好衔接后，由同级人民政府批准，报上一级国土资源管理部门备案。省级土地整治规划编制工作要在 2012 年 6 月前完成，市、县级土地整治规划要在 2012 年年底前全面完成。没有编制土地整治规划的，不得安排土地整治项目。

三、抓紧编制年度计划和实施方案，落实好高标准基本农田建设任务

要按照编制规划、制定计划、安排项目统一部署并同步推进的要求，以高标准基本农田建设为重点，抓紧制定和分解下达年度计划，编制实施方案，安排落实项目，确保按时、保质、全面完成各项土地整治任务。

国土资源部会同财政部每年依据《全国规划》总体安排，按照统筹兼顾、突出重点、先易后难、分类实施的原则，综合考虑各省（区、市）基本农田数量和质量状况、土地整治资金征收入库情况，以及土地整治重大工程和示范省建设布局、高标准基本农田示范县安排情况，制订全国高标准基本农田建设计划，下达各省（区、市）年度高标准基本农田建设任

务。《2012 年全国高标准基本农田建设计划》见附件。

各省（区、市）要依据《全国规划》和全国高标准基本农田建设年度计划，结合土地整治规划编制和基本农田划定，应用第二次土地调查基本农田上图及农用地分等定级等成果，在全面摸清已建成和通过不同整治措施能够达到《高标准基本农田建设规范（试行）》（以下简称《建设规范》）要求的各类基本农田面积的基础上，综合考虑建设条件和资金保障能力等，制订高标准基本农田建设年度实施方案，分解落实国家下达的年度计划。实施方案分解落实年度计划要坚持"相对集中，连片推进"原则，建一片成一片，避免因分散建设影响高标准基本农田生产经营效果。已建成的高标准基本农田不得充作新建任务。

实施方案要落实年度高标准基本农田建设的目标任务，明确通过各级各类土地整治项目及各种途径能够建成高标准基本农田的面积，落实高标准基本农田示范县及具体建设任务，并对资金需求进行合理测算，提出具体保障措施。各省（区、市）在资金分配和项目安排时，要重点向高标准基本农田示范县倾斜。各省级国土资源主管部门应在 2012 年 6 月底前把本年度实施方案报部，以后每年 2 月底前报当年度的实施方案。

四、以土地整治重大工程和示范省建设为重点，扎实推进高标准基本农田建设

各地要按照土地整治规划和实施方案，以建成高标准基本农田作为主要目标，以土地整治项目为载体，着力推进土地整治示范省、土地整治重大工程和高标准基本农田示范县建设，打造土地整治和高标准基本农田建设示范项目，充分发挥典型示范和带动作用。要加快推进在建的土地整治重大工程和示范省建设，土地整治重大工程要按照规定的期限加快实施，土地整治示范省建设要按照部省协议要求在 2012 年内按时保质保量完成，并认真做好总结验收等工作。今年，各地要以高标准基本农田建设为引领，在认真总结评估 116 个示范区工作的基础上，重点做好 500 个示范县特别是已纳入土地整治重大工程和示范省建设范围的市县土地整治项目安排和工程组织实施，按照《建设规范》要求和"缺什么、补什么"的原则，抓紧实施一批新的以高标准基本农田建设为重点的土地整治项目，并同步准备下一批项目，滚动开展高标准基本农田建设。项目安排优先考虑建设条件好、地方积极性高、项目实施进展快的地区。

各级各类土地整治项目必须严格执行《建设规范》及有关工程建设和预算定额标准，认真做好项目立项审批、规划设计、工程实施、资金使用、竣工验收等工作。鼓励各地积极探索高标准基本农田建设的实施方式，在强化政府主导和完善制度、明确责任、监管到位的前提下，优化、简化项目申报和前期工作程序。有条件的地方，省级国土资源主管部门可会同财政部门制定具体办法，探索"以补代投、以补促建"，鼓励农村集体经济组织和农民依据土地整治规划开展高标准基本农田建设。对确需通过招投标方式确定施工单位的，要严格履行程序，并把施工单位能否安排当地农民参与工程项目实施作为综合评标条件之一。

五、加强土地整治中的权属管理，维护好农民群众合法权益

各地在实施农村土地整治项目中，要按照中央有关充分尊重农民意愿、切实维护农民权益的要求，认真做好地籍调查和权属管理工作。

土地整治前，要按照确权在先的原则，做到四至界址清楚、地类面积准确、权属手续合法，没有产权纠纷。土地整治中，整治项目涉及土地权属调整的，要在尊重权利人意愿的前提下，及时编制、公告和报批土地权属调整方案，组织签订权属调整协议，并确保调整结果公开、公平、公正，切实维护当事人的土地权益，促进社会和谐稳定。土地整治完成后，要根据权属调整方案和调整协议，依法确定土地所有权、使用权等土地相关权利，及时办理变更登记手续，更新地籍调查等相关图件、数据库和统计台帐，建立新的地籍档案并上图入库，确保地籍信息系统的现势性和完整性。

六、采取有力措施，确保高标准基本农田建设等各项任务的完成

（一）加强组织领导

地方各级国土资源管理部门和财政部门要主动争取地方党委、政府的支持，在地方政府统一领导下，加强与发展改革、农业、水利、农业综合开发等机构沟通协调，调动各方面积极性，建立"政府主导、农村集体经济组织和农民为主体、国土搭台、部门参与、统筹规划、整合资金"的工作机制，合力推进土地整治规划编制、实施和高标准基本农田建设工作。

（二）落实资金保障

在保持现有渠道和用途不变的前提下，以新增建设用地土地有偿使用费（以下简称"新增费"）为主体，引导和聚合相关涉农资金，共同投入高标准基本农田建设，发挥综合效益。中央分成新增费按照"集中资金，重点投入"的原则，支持各地开展高标准基本农田建设，并在分配时与各地上年度高标准基本农田建设计划执行情况挂钩。使用新增费开展高标准基本农田建设，可不受有关新增耕地率规定的限制。要结合土地流转，鼓励民间资金投入高标准基本农田建设，不断拓宽资金渠道。

（三）加强信息化管理

要按照国土资源遥感监测"一张图"和综合监管平台建设的总体部署，同步建设土地整治规划与实施管理数据库。要充分利用农村土地整治监测监管系统，对高标准基本农田建设情况进行集中统一、全面全程监管，在线实时报备工作，切实做到底数清、情况明、数据准、现势性强。要会同有关部门做好高标准基本农田质量监测和绩效评价，将高标准基本农田建设的年度完成情况纳入年度耕地保护责任目标考核内容，并根据考核情况实行奖优罚劣。

（四）强化高标准基本农田建后管护

各级国土资源管理部门要明确高标准基本农田管护主体，落实管护责任，对已建成和新建的高标准基本农田及时划界、设立标志、上图入库，实行永久保护。要充分利用农用地分等定级、土地质量地球化学评估等成果，对建成的高标准基本农田进行质量等级评定。

（五）正确引导社会舆论

要充分运用各种宣传媒体，加大对土地整治规划编制、实施和重大示范项目、高标准基本农田建设的宣传力度，及时解读相关文件和工作方案，总结宣传典型经验和先进事迹，营造良好的舆论氛围。

国土资源部　财政部
二○一二年四月六日

附件：2012 年全国高标准基本农田建设计划

附件

2012 年全国高标准基本农田建设计划

地　区	基本农田建设任务（万亩）	地　区	基本农田建设任务（万亩）
全　国	10000	河　南	842
北　京	30	湖　北	600
天　津	60	湖　南	419
河　北	572	广　东	468
山　西	172	其中：深圳	1
内蒙古	318	广　西	374
辽　宁	315	海　南	57
其中：大连	28	重　庆	120
吉　林	274	四　川	510
黑龙江	712	贵　州	120
上　海	41	云　南	268
江　苏	660	西　藏	7
浙　江	323	陕　西	264
其中：宁波	35	甘　肃	147
安　徽	600	青　海	30
福　建	48	宁　夏	74
其中：厦门	1	新　疆	283
江　西	311	其中：兵团	63
山　东	981		
其中：青岛	67		

财政部　国土资源部
关于印发《新增建设用地土地有偿使用费资金使用管理办法》的通知

财建〔2012〕151 号

各省、自治区、直辖市、计划单列市财政厅（局）、国土资源厅（局），新疆生产建设兵团财务局、国土资源局：

为促进新增建设用地土地有偿使用费的科学、合理、有效使用，加强和规范资金使用管理，提高资金使用效益，财政部、国土资源部对 2008 年制定的《中央分成新增建设用地土地有偿使用费资金使用管理办法》进行了修订。现将修订后的《新增建设用地土地有偿使用费资金使用管理办法》印发给你们，请遵照执行。

附件：新增建设用地土地有偿使用费资金使用管理办法

财政部　国土资源部
二〇一二年四月十二日

附件

新增建设用地土地有偿使用费资金使用管理办法

第一章　总　则

第一条　为了规范新增建设用地土地有偿使用费（以下简称新增费）使用管理，提高资金使用效益，根据《中华人民共和国预算法》、《中华人民共和国土地管理法》和国家有关法律法规的规定，制定本办法。

第二条　本办法适用于中央分成和地方留用新增费的使用管理。

第三条　新增费纳入政府性基金预算管理，专款专用，任何单位和个人不得截留、挤占或挪用。

第四条　鼓励以土地整治项目为平台，统筹安排新增费、用于农业土地开发的土地出让收入、耕地开垦费、土地复垦费和其他涉农资金，充分发挥资金整体效益。

第二章　使用范围

第五条　新增费专项用于土地整治支出及其他相关支出。土地整治支出包括基本农田建设支出、土地整理支出、耕地开发支出。其他相关支出包括基本农田保护支出、土地整治管理支出和财政部商国土资源部确定的其他支出。

第六条　基本农田建设支出，是指为促进基本农田综合生产能力提高，建设适应现代农业发展条件的旱涝保收、高产稳产高标准基本农田，对基本农田进行综合整治发生的支出。

第七条　土地整理支出，是指为了增加耕地面积，提高耕地综合生产能力，对基本农田保护区以外的农村土地进行田、水、路、林、村综合整治发生的支出；对生产建设活动和自然灾害损毁的土地，采取整治措施，使其达到可供利用状态所发生的支出；为提高节约集约用地水平而进行的农村建设用地整理支出；项目区内为改善农村生产条件而进行的道路、电力、水源、输排水（含排洪、排碱）等基础设施、农田防护措施和为开展土地整治工作而进行的拆迁补偿等支出。

第八条　耕地开发支出，是指在保护和改善生态环境的前提下，以增加耕地面积为主要目的，对滩涂、盐碱地、荒草地、裸地、空闲地等宜农未利用土地进行适度开发，使之达到可利用状态所发生的支出。

第九条　土地整治按照项目进行管理，具体要求按国家有关土地整治项目管理的规定执行。土地整治内容包括土地平整工程、灌溉与排水工程、田间道路工程、农田防护与生态环境保持工程等。

有条件的地方，依据土地整治规划，可通过"以补促建"的形式，稳步推进以农村集体经济组织和农民为主体开展的土地整治。具体管理办法由省级国土资源管理、财政部门制定。

第十条　土地整治项目支出包括工程施工费、设备费、其他费用和不可预见费。其他费用包括前期工作费、工程监理费、竣工验收费、业主管理费和拆迁补偿费。

支出标准按照《土地开发整理项目预算定额标准》（财综〔2011〕128号）的规定执行，预算定额标准中没有规定的，可参照当地相关工程建设的预算定额标准执行。《土地开发整理项目预算定额标准》未涉及的其他项目建设内容，省级财政、国土资源部门可结合各地实际情况，制定省级补充定额标准，报财政部、国土资源部备案。

第十一条　基本农田保护支出，是指确保基本农田面积不减少、质量有提高、用途不改变所发生的支出。具体包括基本农田利用现状、权属调查及成果维护支出；基本农田划定和调整、动态监管支出；基本农田保护标识、标志的设立支出等。

第十二条　土地整治管理支出，是指为开展土地整治管理工作所发生的支出。具体包括耕地后备资源调查、土地整治规划编制、耕地质量等级评价与监测、信息化建设、前期选址、立项报批和审核论证支出；项目实施和资金使用的监督检查、绩效考评支出；项目竣工后的新增耕地核查、后续管护、提高耕地质量等级支出等。

第十三条　新增费不得用于下列支出：

（一）项目区外不直接与项目相配套的道路工程、灌溉与排水工程、电力工程和村庄改造等基础设施建设工程支出。

（二）与项目实施无关的车辆、机械等设备购置；以及农业生产用具、设备等不属于项目规划设计需要的设备购置支出。

（三）办公场所改扩建、发放奖金津贴、补充工作经费、平衡公共预算。

（四）对外投资；赞助和捐赠支出；支付的滞纳金、罚款、违约金、赔偿金以及与项目实施无关的其他支出。

第十四条　为土地整治项目配套的灌溉与排水工程按规定需有关部门批准的，应按规定程序报经批准后实施。

第三章　预算管理

第十五条　新增费预算草案编制遵循以收定支、专款专用、收支平衡、结余结转下年使用的原则。

第十六条　中央分成新增费支出预算分为中央本级支出预算和对地方转移支付预算两部分。

中央本级支出预算草案由国土资源部按照规定编制，报财政部审核。中央本级支出预算中对由国土资源部直属单位承担的新增费支出，列入部门预算；对已确定支出项目但尚未明确承担单位的，可暂列部门本级支出；对因特殊情况暂时无法细化到具体支出项目和承担单位的，可暂列代编预算，不列入部门预算。

对由地方承担的新增费支出项目，列入对地方转移支付预算。

第十七条　地方国土资源管理部门应当按照规定编制年度地方留成的

新增费收支预算草案，报同级财政部门审核。

第十八条 新增费的资金支付按照财政国库管理制度有关规定执行，并按规定填列《政府收支分类科目》相关科目。

第十九条 新增费资金使用单位要严格按照批准下达的预算，合理安排使用资金，不得扩大支出范围，提高开支标准；不得用于本办法规定的新增费支出范围以外的其他支出。

第二十条 新增费资金使用单位要按照国家有关财务会计制度的规定，做好新增费资金核算工作，及时办理年度结算和财务决算。

第二十一条 新增费结转和结余资金的管理按照财政拨款结转和结余资金管理的有关规定执行。

第四章 中央对地方新增费转移支付预算管理

第二十二条 中央对地方新增费转移支付支出采取因素法、项目法或因素法与项目法相结合的方式分配。具体分配方式由财政部商国土资源部确定。

第二十三条 因素法分配新增费，由财政部会同国土资源部综合考虑各省（含自治区、直辖市、计划单列市、新疆兵团，下同）基本农田面积、灌溉水田面积和实际补充耕地面积等因素确定资金分配方案，重点支持中西部地区和粮食主产区、产粮大县。

分配因素的调整，由财政部商国土资源部确定。

第二十四条 项目法分配新增费，支持范围主要包括整体推进农村土地整治示范建设项目、土地整治重大工程项目、一般土地整治项目。

整体推进农村土地整治示范建设项目是指以农田整治整村连片推进为重点，以有效统筹各类涉农资金共同投入为手段的土地整治项目。项目预算由财政部、国土资源部与示范省份通过签订示范协议确定。

土地整治重大工程项目是指以落实土地整治规划确定的重点区域内大规模耕地整理、大面积节水增地、大幅度提高高产稳产基本农田比重为目的的土地整治项目。项目预算由财政部、国土资源部组织专家通过实地考察、论证后确定。

一般土地整治项目是指与国务院批准实施的各类区域发展规划相配套的土地整治项目、灾毁地复垦项目以及其他与土地开发利用有关的项目。项目预算由财政部商国土资源部确定。

第二十五条 中央按因素法分配的新增费和地方留成新增费要结合国家级或省级重点工程项目统筹使用，发挥新增费的规模效益。

第五章 监督检查

第二十六条 各级财政、国土资源管理部门负责对新增费项目实施情况和资金使用情况的监督检查，确保新增费专款专用，切实提高新增费使用管理效率。

第二十七条 各级财政、国土资源管理部门要建立健全新增费使用管理的绩效评价制度，逐步完善绩效考评工作，并将新增费资金的分配与绩效考评结果相挂钩。

第二十八条 新增费使用单位要自觉接受财政、审计等部门的监督检查，及时提供相关资料。

第二十九条 对违反本办法规定使用新增费的行为，依照《财政违法行为处罚处分条例》（国务院令第 427 号）及有关法律法规予以处理。

第六章 附 则

第三十条 省级财政、国土资源管理部门可根据本办法的规定，结合本地实际，制定新增费使用管理的具体实施办法。

第三十一条 本办法自印发之日起实施。此前有关规定与本办法不一致的，以本办法规定为准。原《财政部、国土资源部关于印发〈中央分成新增建设用地新增费资金使用管理办法〉的通知》（财建〔2008〕157 号）同时废止。

领 导 讲 话

LingDao JiangHua

把握机遇　勇担使命
努力开创土地整治工作新局面

——在贯彻实施全国土地整治规划加快建设高标准
基本农田现场会上的工作报告

国土资源部副部长　王世元

（2012 年 6 月 26 日，根据录音整理）

同志们：

受国土资源部徐绍史部长委托，我就全面实施《全国土地整治规划（2011 ～ 2015 年)》（以下简称《全国规划》)、加快建设高标准基本农田工作讲三点意见。

一、"十一五" 时期以来，我国土地整治工作取得了积极进展，积累了宝贵经验

在党中央、国务院的正确领导下，在地方各级党委、政府的高度重视和大力支持下，各级国土资源部门、财政部门会同有关部门，将土地整治作为保障发展、保护资源的重大举措，作为促进新农村建设和城乡统筹发展、实现农业现代化的重要平台和抓手，作为一项利国利民、利城利乡的民生工程，结合地方实际，扎实推进工作，取得了显著成效。

一是促进了耕地保护和高标准基本农田建设，为我国粮食生产 "八连增" 提供了基础保障。《中华人民共和国土地管理法》明确规定，国家鼓励土地整理，并提出要按照土地利用总体规划，对田、水、路、林、村进行综合整治。党中央、国务院高度重视土地整治工作，"十一五"时期以来下发了一系列重要文件，部署推进土地整治和高标准基本农田建设工作。国土资源部会同财政部等有关部门和地方各级人民政府，认真贯彻落实党中央、国务院的部署要求，切实履行职责，根据《中华人民共和国土地管理法》和全国及地方各级土地利用总体规划确定的目标任务，重点围绕保护18亿亩耕地红线和15.6亿亩基本农田，有规划、有计划地对田、水、路、林、村进行综合整治，补充了耕地数量、提高了耕地质量、改善了农业生产条件，并按照"划得准、调得开、建得好、保得住"的要求，建成了一大批高标准基本农田，在稳定提高耕地粮食综合产能、保障国家粮食安全、巩固农业现代化基础等方面发挥了不可替代的作用。

"十一五"期间，全国批准土地整治项目12.4万个，建成高标准基本农田1.6亿亩，实际新增耕地3100多万亩。各地将农田基础设施建设作为土地整治的重点内容，新修建排灌沟渠493万公里，建成田间道路460多万公里，新建机井25万多眼、泵站15万多座，完善了田间灌溉渠系，有效解决了农田水利工程性缺水和"最后一公里"的问题，提升了农田防灾抗灾能力。整治后的耕地质量平均提升1～2个等级，粮食产能普遍提高10%～20%，新增粮食产能130多亿斤，为实现粮食生产"八连增"提供了重要基础保障。五年来，黑龙江省累积投入土地整治资金101亿元，实施土地整治重大工程项目180个，建成高标准基本农田近800万亩，新增耕地54万亩，年增产粮食38.73亿斤；四川省实施土地整治"金土地"工程，截至2011年底，投入土地整治资金近120亿元，实施土地整治项目687个，建成高标准基本农田近600万亩，新增耕地90万亩，旱地灌溉保障率提高到80%以上，耕地质量平均提高1个等级。

二是优化土地利用结构和布局，促进了新农村建设和城乡统筹发展。我国总体上已经进入以工补农、以城带乡的发展阶段，进入着力破除城乡二元结构，形成城乡经济社会发展一体化新格局的重要时期。适应新形势、新要求，各地按照国家推进新农村建设和城乡统筹发展的总体部署，积极探索开展农村建设用地整治、工矿废弃地复垦和城镇低效用地再开发等土地整治形式。通过整治，改造旧村庄和整治"空心村"，引导农民向中心村集中，加强农村基础设施建设和公共服务设施配套，改善农村整体环境和生活环境，有力促进了新农村建设；通过整治，在确保耕地面积不减少、建设用地总量不扩大的前提下，对散乱、废弃、闲置的农村建设用地进行整理复垦，优先满足农村自身发展需要，将节约的土地指标调剂到城镇使用，为工业化、城镇化快速发展拓展了建设空间，促进了城乡统筹发展。

"十一五"期间，全国整治低效、废弃农村建设用地约300万亩，直接投资达到2390多亿元，已完成复垦还耕148万亩，平均节地率达到40%，在严格保护耕地的前提下，为基础设施、工业集聚区和新城镇建设提供了用地空间。河南省按照"统一规划、集中布局、规模整治、分步实施"的思路，有效衔接城乡建设、农业发展、水利建设、生态环境保护等相关行业规划，编制实施土地整治规划，优化了城乡用地结构和布局，推动了城乡统筹发展；江苏省2008年实施"万顷良田建设工程"以来，将高标准基本农田建设与农村建设用地整治相结合，不仅新增耕地17.18万亩，建成集中连片高标准基本农田35.86万亩，而且节约建设用地8.85万亩，节地率达到70%以上；广东省2008年以来实施旧城镇、旧厂房、旧村庄改造，共完成改造项目2443个，改造面积14万亩，节约用地6.1万亩，减少占用耕地3万亩，既保护了耕地，又有效缓解了工业化、城镇化建设用地的供需矛盾。

三是改善农村生产生活条件，促进了农民增收、农业增效和农村发展。党的十七届三中全会通过的《中共中央关于推进农村改革发展若干重大问题的决定》（以下简称《决定》）强调，把建设社会主义新农村作为战略任务，把走中国特色农业现代化道路作为基本方向，把加快形成城乡经济社会发展一体化新格局作为根本要求，提出了农民增收、农业增效和农村发展的目标任务。各地围绕贯彻落实《决定》精神，坚持以促进农民增收、农业增效、农村发展为出发点和落脚点，以高标准基本农田建设为重点，统筹安排、积极推进土地整治，在尊重农民意愿的前提下，实行土地使用权流转，改善了农业生产条件，促进了农业规模化、产业化经营，同时，降低了农业生产成本，增加了农民收入。

"十一五"期间，全国土地整治惠及9100万农民，项目区农民人均收入增加700余元，仅农民参加土地整治工程的劳务所得合计就超过150亿元。通过村庄整治，改变了农村散、乱、差的面貌，改造了农村基础设施、公共服务设施，极大地改善了农民居住条件和生活环境，提升了农民生活水平。云南省实施"兴地睦边"农田整治重大工程，通过结合旅游规划、烟水工程等，促进了新农村建设和农业产业结构调整，推动了当地农民脱贫致富，促进了边疆稳定和民族地区经济社会发展。河南省邓州市通过土地整治，项目区亩均增产300斤，亩均年增效益500元，人均年增收入960元，有力促进了"三农"问题的解决。

四是改善土地生态环境，促进了生态文明建设。党的十七届三中全会提出，要按照建设生态文明的要求，发展节约型农业、循环农业、生态农业，加强生态环境保护。农用地是农业生态系统的重要组成部分，发挥着湿地、绿地、景观等多种自然生态功能作用，是土地生态系统建设和保护的重点。各地在土地整治中，通过采取工程、生物等措施，着力改善土地生态环境，修复、提升土地生态功能，取得了明显成效。西北干旱地区，通过农用地整治，盐碱地得到治理，植被覆盖率得到提高，防风固沙能力得到增强；西南地区，结合生态退耕，加大保水、保土、保肥"三保田"建设力度，既治理了水土流失，又保障了粮食生产，实现了生态安全和粮食安全的有机结合；长三角、珠三角等人口产业密集地区，通过高标准基本农田保护和建设，耕地在维护和改善区域生态环境中的作用更加突出。

"十一五"期间，全国通过实施土地整治工程，种植农田防护林2.7亿株，开展坡改梯工程、实施坡面防护建设等措施，治理水土流失面积2100多万亩；推广应用节水灌溉技术，工程区灌溉水利用率普遍从0.3～

0.4 提高到 0.6 以上；工矿废弃地复垦率从 10% 提高到 15%，促进了矿山生态环境改善。吉林省大力开展盐碱地改良，整治盐碱沙化土地 130 多万亩，新增耕地 40 多万亩，进一步改善了区域生态环境，巩固了东北"大粮仓"，促进了农业可持续发展。宁夏回族自治区通过土地整治，共治理沙漠 5.6 万亩，治理盐碱地 9.2 万亩，栽种树木 290 多万株，初步形成乔、灌、草结合的农田防护林体系，项目区 80% 的农田得到了保护。陕西省延安市结合生态建设推进土地整治，因地制宜推进治沟造地，整治沟道 100 多条，恢复和增加耕地 4 万多亩，每造 1 亩沟坝地平均可拦泥沙 5000 吨，可退 3 亩陡坡耕地，有效巩固了退耕还林成果。

五是创新土地整治推进模式和机制，提升了土地整治综合效能。围绕土地整治组织模式、资金筹措和激励机制等，各地结合实际，积极探索、不断创新，有力地促进了土地整治整体效能的发挥。政府主导、农村集体和农民为主体、国土牵头、部门协同、上下联动的工作机制，极大地调动了各方面的积极性。以新增建设用地土地有偿使用费、用于农业开发的土地出让收入、耕地开垦费、土地复垦费等土地整治资金为主体，引导和聚合其他相关涉地、涉农资金，共同投入土地整治，提高了土地整治综合效益。国家推进土地整治重大工程和示范省建设，通过中央分成新增费❶集中投入，改变了以往土地整治项目小、资金散的状况，提高了资金使用效益，通过重点向粮食主产区、中西部地区倾斜，实现资源和资金的更好结合，发挥了引领示范作用。同时，将土地整治与城乡建设用地增减挂钩等政策措施相结合，将增减挂钩指标收益返还农村，用于支持农业农村发展和改善生产生活条件，有力地促进了农村土地整治。一些省份还将土地整治作为部省合作的重要内容，与地方重点工作相结合，协同推进，促进了土地整治综合效益的发挥。

"十一五"期间，通过资金统筹使用，全国用于农用地整治的资金达

---

❶ 新增费指新增建设用地土地有偿使用费。下同。

到 3274 亿元，近年来更是达到每年 1000 亿元以上。一些省份以土地整治专项资金为主，出台激励政策，聚合农业、水利、交通、林业、烟草、电信、电力等相关资金，建立了项目区集中投入机制，一些地方将此形象地总结为"各炒一盘菜，共办一桌席"，多数省份主动调整新增费分配使用方式，将新增费集中到省级部门统筹使用，直接落实到项目，避免了将资金直接分配到县，造成资金、项目分散，综合效益不高的现象。湖北省在土地整治示范工程中，聚合其他部门的资金占项目建设资金总额的 20%，并将土地整治与血吸虫病防治相结合，开展了"兴地灭螺"工程。山东省坚持"渠道不变、集中投入、各计其效"的原则，依托中央投资，整合省以下各类涉农、涉地资金，在国家投资 24 亿元的基础上，省级投资 46 亿元，市、县投资 30 亿元，将投资规模扩大至 100 亿元，扩大了中央政策效力，有效保障了土地综合整治示范建设的顺利开展。

上述这些合力推进土地整治的工作模式，调动了各方的积极性，充分发挥了土地整治的综合效能。2008 年以来，国土资源部和财政部支持开展了新疆伊犁河谷地、吉林西部、黑龙江三江平原东部、宁夏中北部等 10 个土地整治重大工程，并在河北、内蒙古、吉林、黑龙江、江苏、安徽、江西、山东、湖北、广西等 10 个省份开展了土地整治示范建设，总投资 1000 多亿元，规划用五年左右时间，整治土地 6000 多万亩，补充耕地约 1000 万亩，提高粮食产能 200 多亿斤，取得了预期效果。

六是构建土地整治制度政策体系，夯实了土地整治持续健康发展的基础。近年来，土地整治制度建设不断加强，先后出台了一系列政策文件和制度规范，逐步走上有法可依、有章可循的标准化、规范化、制度化道路。土地整治规划体系基本形成，2012 年 3 月，国务院批准实施《全国土地整治规划（2011～2015 年)》，省、市、县级土地整治规划编制正加快推进，规划实施不断强化。土地整治资金管理制度不断完善。财政部和国土资源部下发了《新增建设用地土地有偿使用费资金使用管理办法》，修订了《土地开发整理项目预算定额标准》，确保了土地整治资金的规范使用。土地整治技术标准体系不断健全，相继出台了规划、设计、工程建设、验收等一系列标准规范，《高标准基本农田建设标准》已经公告，农用地分等、定级、估价三项规程已经上升为国家标准，为规范有序推进土地整治工作奠定了坚实的技术基础。土地整治监管不断强化，依托国土资源遥感监测"一张图"和综合监管平台建设，建成"农村土地整治监测监管系统"、"城乡建设用地增减挂钩在线监管系统"，基本实现对各级、各类土地整治项目和资金信息的综合统计与在线报备，做到监管服务实时、常态、长效。土地整治管理体制逐步理顺，基本形成中央—省—市—县四级土地整治管理体系，专业技术队伍不断发展壮大，保障了土地整治事业持续健康发展。

各地在推进土地整治工作的实践中，结合本地实际，创造性开展工作，积累了许多宝贵经验。

一是始终坚持围绕中心、服务大局。我国人多地少、人均耕地少的基本国情和经济社会快速发展的客观实际，决定了土地管理必须统筹保障发展和保护耕地两个目标，两手并举。农用地整治，补充耕地数量、提高耕地质量，改善农业基础设施，提高了耕地粮食综合生产能力；建设用地整治，优化城乡用地结构和布局，提高节约集约用地水平，为新农村建设和城乡统筹发展提供了用地保障。地方实践充分表明，只有立足保障国家粮食安全，服务"双保"目标，土地整治才能更好地发挥作用，才有长久生命力。

二是始终坚持规划统筹、试点引路。土地整治是一项十分复杂的系统工程，各地经济社会发展基础和土地资源禀赋不同，客观上决定了推进土地整治要坚持因地制宜、科学规划、统筹推进，必须通过典型示范、试点引路规范开展。各地高度重视编制实施土地整治规划，合理确定土地整治重点区域和重大工程，科学安排投资方向和项目布局等，发挥了规划的统筹和引导作用。同时，对敏感、复杂的土地整治活动，坚持按照先试点、后铺开的方式，分别开展了不同层次的土地整治试点示范，组织开展了土地整治重大工程、示范建设和城乡建设用地增减挂钩试点等工作。国家层面的规范统筹和地方层面的试点探索，有力保障了土地整治规范有序推进。

三是始终坚持尊重民意、维护权益。群众愿意不愿意是推进土地整治的前提，群众满意不满意是检验土地整治成效的唯一标准。各地在推进土地整治工作中，始终把维护农民权益放在首位，依法维护农民和农村集体经济组织的主体地位，充分尊重农民意愿，坚持群众自愿、群众参与、群众受益，做到群众"不同意不干，不乐意不办，不满意不算完"；通过土地整治获得的收益，及时足额返还农村，优先用于改善农民生活条件和支持农村集体发展生产，切实维护了农民土地合法权益，得到了社会的广泛认同，受到群众的广泛赞誉。

四是始终坚持创新体制机制、形成合力。土地整治工作事关经济社会发展大局和人民群众切身利益，牵涉面广、政策性强，需要加强协调合作、合力推进。我们十分注重体制机制建设和创新，经过几年的努力，初步建立了政府主导，国土牵头，发展改革、财政、水利、农业等部门协调合作，部省密切配合、上下联动，农民积极参与的工作机制，形成了良好的工作格局。同时，改革、完善土地整治资金使用管理制度，将部分中央分成新增费集中投入，发挥了中央资金的引领作用。各地创新探索，在土地整治的组织推进和资金使用等方面积累的宝贵经验，应该深入总结、继续坚持。

二、准确把握土地整治的新形势、新要求

当前和今后一个时期，我国正处于全面建设小康社会的关键时期，人口多、人均耕地少、耕地后备资源不足的基本国情难以改变，工业化、城镇化和农业现代化的同步快速推进，对土地利用和保护提出了更高要求，耕地保护的难度越来越大。土地整治作为保发展、保红线、促转变、惠民生的重要平台和抓手，必须与时俱进，从更高的站位、更宽的视野来认识这项事业的重要意义，增强使命感和责任感，准确把握形势，积极谋划推进。

（一）推进土地整治、建设高标准基本农田，是新形势下党中央国务院的战略部署

胡锦涛总书记在中央政治局第 31 次集体学习时着重强调，确保国家粮食安全始终是治国理政的头等大事，也是保障和改善民生的头等大事；要推进土地整治、大规模建设旱涝保收高标准农田。国务院第 164 次常务会议明确要求，要制定并实施全国土地整治规划，加快建设高标准基本农田，力争"十二五"期间再建成 4 亿亩旱涝保收的高标准基本农田。落实党中央、国务院的部署，具有十分重要的战略意义。同时，要看到，当前应对国内外错综复杂的环境，实现稳增长、扩内需、稳中求进的目标，推进土地整治、建设高标准基本农田具有十分重要的现实意义。从我国实际看，扩大内需最有潜力的领域是城镇化，而最大的回旋余地在农村。土地整治加大了农田建设投入，促进了农村住宅、基础设施建设特别是农村建设用地整治和城镇低效建设用地整治，既可以推动城镇化发展和新农村建设，为扩内需、稳增长带来长久持续的动力，又可以直接带动城乡投资和消费需求，促进即期经济增长，"撬动"作用十分明显。

（二）推进土地整治、建设高标准基本农田，是深入贯彻科学发展观、落实最严格的耕地保护和节约用地制度的本质要求

我国的基本国情、发展阶段和资源禀赋决定了资源约束长期存在，经济长期平稳较快发展导致资源刚性需求持续增长，用地供需矛盾不断加剧。贯彻科学发展观，加快转变经济发展方式，建设资源节约型社会是重要着力点，从土地管理来说，就是要落实节约优先战略，大力准进节约集约用地，降低经济社会发展对土地资源的消耗，大幅度提高土地资源利用效率。推进土地整治，是推进土地节约集约利用的重要举措，也是有效抓手。我国耕地细碎化问题突出，全国平均下来，每块耕地面积只有 1.3 亩，耕地中田坎、沟渠、田间道路占了 13%；农村居民点用地占全国建设用地总量的一半以上，人均达到 259 平方米，利用普遍粗放低效，因此，不论是农

用地还是农村建设用地，节约挖潜的空间都很大。开展农用地整治，加大对田坎、沟渠、田间道路整理力度，可显著降低耕地破碎程度，改善农田格局，提高农用地利用程度，增加有效耕地面积、提高耕地质量；开展农村建设用地整治，优化农村居民点用地布局，盘活农村存量建设用地，可以提高农村建设用地节约集约利用水平，统筹保障发展和保护耕地，促进经济社会全面、协调、可持续发展。

（三）推进土地整治、建设高标准基本农田，是促进"三农"发展的现实需要

目前，我国农业基础仍然薄弱，农民增收仍然困难，农村发展仍然滞后。通过土地整治，加强土地平整，配套建设农田水利设施、田间道路和农田防护林，可以破除制约农业发展的基础设施障碍，增加耕地面积，改善生态环境，提高耕地综合生产能力，夯实农业生产发展基础。通过土地整治，不仅可以改善农业生产条件，降低农业生产成本，实现增产增收，而且农民可直接参与土地整治工程建设，扩大以工代赈规模，增加农民劳务收入。同时，通过对农村低效、散乱、闲置土地进行整治，将节约的建设用地用于农村建设，促进农村非农产业发展，拓宽农民就业渠道，增加农民非农收入。通过土地整治，与新农村建设相结合，整体推进田、水、路、林、村综合治理改造，在发展生产、增加收入的同时，可以极大改善农村环境和村容村貌，促进农村繁荣发展。

（四）推进土地整治、建设高标准基本农田，是推进"三化"❶ 同步协调发展的客观需要

在工业化、城镇化深入发展中同步推进农业现代化，是当前和今后一个时期的重大任务。在新形势下，土地整治对于推进"三化"协调发展具有重大作用。一方面，通过土地整治，按照现代农业发展要求，开展田、

---

❶ "三化"指工业化、城镇化、农业现代化。

水、路、林、村综合整治，可以促进土地适度规模经营，促进农业规模化、集约化和机械化生产，为加快发展现代农业提供有利条件；另一方面，通过土地整治、调整优化城乡用地布局节约的土地支持城乡建设，可以拓展建设用地空间，促进工业化、城镇化发展，并按照工业反哺农业、城市支持农村的要求，将土地整治增值收益返还农村，可以改善农民生活条件和支持农村集体发展经济，夯实农业现代化发展基础。

（五）推进土地整治、建设高标准基本农田，是维护农民权益、促进社会和谐稳定的迫切需要

当前，我国农村正在发生新的变革，农村产业化、规模化经营逐步深入推进，土地利用方式发生深刻转变，但总体上农村经济体制尚不完善、生产经营组织化程度低，土地利用效率不高，显化农村土地资产价值和保护农民土地权益的要求十分紧迫。同时，农村社会事业和公共服务水平较低，一些地方农村基层组织建设滞后，加强农村民主法制建设、基层组织建设、社会管理缺少平台和抓手。在充分尊重农民意愿的前提下，推进土地整治和高标准基本农田建设，一方面，通过明确土地权利关系，发挥农民主体作用，整合利用农村土地资源，提高土地利用效益，建立健全利益分配机制，可以有效实现和保护农民土地权益；另一方面，通过完善农村公共设施，促进农村社会事业发展，可以为农村公共服务、基层组织建设和社会管理提供平台和抓手，促进农村和谐稳定。

针对新形势、新要求以及从各地开展土地整治工作的实际经验，我们还要看到一些差距和不足，存在不适应土地整治工作顺利开展的因素，一是管理制度有待进一步完善和创新。少数地方对土地整治工作重视不够、积极性不高，部门协调难度较大；一些地方项目在立项和实施过程中未得到农民的充分支持，个别地方甚至出现侵害农民利益的现象；一些现行制度不适应土地整治工作发展需要，地方探索创新的一些做法也急需及时总结并上升为制度。二是资金项目管理有待进一步加强。在资金管理方面，

有些地方的地方留成新增费部分利用率低，部分地方未按标准征收和计提用于土地整治的资金，一些地方新增费使用结构不尽合理等。在项目管理方面，一些地方存在重立项、轻实施现象，部分项目建设进展较慢；有的地方存在重数量、轻质量现象，部分项目新增耕地质量偏低。三是运行机制有待进一步健全。一些地方建立了政府主导、部门合作、群众参与、合力推进的工作机制，在推进土地整治工作方面发挥了一定作用，但总体来看，部门协调、通力合作的作用发挥不够，影响了土地整治整体推进，协调联动机制有待进一步加强。四是基础工作有待进一步强化。少数地方重项目、轻规划，土地整治统筹协调不够，降低了工作成效；有些地方对信息化建设重视不够，人员、资金投入较少，推进信息化工作缺少有效手段等。这些不足和问题，需要在今后的工作中加以完善和解决。

三、努力推动土地整治工作再上新台阶

《全国规划》对"十二五"时期的土地整治工作作出了全面部署，要求围绕深入贯彻落实科学发展主题和加快转变经济发展方式主线，以保障国家粮食安全为首要目标，以推进新农村建设和统筹城乡发展为根本要求，加快推进农村土地整理复垦，加强耕地质量建设，建设旱涝保收高标准基本农田，积极开展城镇工矿建设用地整治，建立健全长效机制，全面提高土地整治工作水平，以资源可持续利用促进经济社会可持续发展。《全国规划》明确提出，到 2015 年，再建成 4 亿亩高标准基本农田，土地整理复垦开发补充耕地 2400 万亩，整治农村散乱、废弃、闲置和低效建设用地450 万亩，生产建设新损毁土地全面复垦和自然灾害损毁土地及时复垦，历史遗留损毁土地复垦率达到 35% 以上。

《全国规划》明确了"十二五"时期土地整治的目标任务；国土资源部徐绍史部长对进一步推进土地整治工作、加快建设高标准基本农田提出了总体部署和要求；财政部李敬辉司长对土地整治资金管理使用提出了具体要求。下一步关键在于狠抓落实，扎实推进。要统筹安排，精心组织，

全面部署，逐项落实，着重做好以下几方面工作：

（一）加强土地整治的规划统筹

土地整治规划是推进土地整治和建设旱涝保收高标准基本农田的基本依据，是保障土地整治科学、规范、有序开展的重要前提。各地要充分认识编制和实施土地整治规划的重要性和紧迫性，按照国土资发〔2012〕63号文❶的要求，在地方人民政府的领导下，各有关部门要通力合作，加快推进土地整治规划的编制，确保在2012年底前全面完成地方各级土地整治规划编制工作，把《全国规划》确定的各项目标任务，落到基层、落到项目、落到实地。

编制地方各级土地整治规划，要重点把握好以下几点：一要在扎实开展土地调查评价的基础上，以促进农业现代化和城乡统筹发展为出发点和落脚点，以建设4亿亩高标准基本农田为重点，统筹安排农田和村庄土地整治、损毁土地复垦和宜耕后备土地开发，同时，安排好城乡建设用地增减挂钩、工矿废弃地复垦利用、低丘缓坡荒滩开发、旧城镇旧厂矿旧村庄改造和城市土地二次开发等各项工作；二要以土地利用总体规划为依据，做好与城乡建设、农业发展、产业布局、水利建设、生态环境保护等相关规划的协调衔接，从区域布局上，要选择好土地整治重点区域，会同财政等部门列入重点工程，保证资金投入，整理完成的耕地要确保得到永久保护；三要按照有关技术规范的要求，充分利用已有土地调查研究成果，摸清各类土地资源特别是高标准基本农田现状，科学分析土地整治潜力，深入开展重大专题研究，为规划编制奠定坚实基础；四要坚持自上而下、上下结合，坚持公众参与、科学决策，切实做好规划协调论证，广泛征求专家和公众，特别是农民群众的意见，切实提高规划的科学性、针对性和实用性。

---

❶ 指《国土资源部 财政部关于加快编制和实施土地整治规划 大力推进高标准基本农田建设的通知》。

（二）加快建设高标准基本农田

高标准基本农田，是通过土地整治建设形成的集中连片、设施配套、高产稳产、生态良好、抗灾能力强，与现代农业生产和经营方式相适应的基本农田，是保障国家粮食安全最重要的物质基础。在"十一五"时期已建成1.6亿亩的基础上，"十二五"期间再建成4亿亩高标准基本农田，是党中央、国务院提出的硬任务，也是《全国规划》提出的硬指标，是土地整治的重中之重。尽管面临很大困难和挑战，但有党中央、国务院的关心、重视，有各地各部门的大力支持，加上经过十多年发展形成的较扎实的工作基础，我们相信这一目标任务一定能够完成。

各级国土资源部门，要在各级财政部门和其他相关部门的支持下，按照国家的统一部署，精心组织、周密部署、扎实推进高标准基本农田建设工作：一要以规划为依据，在充分考虑现有工作基础、基本农田状况、资金保障能力，特别是新增费征收及结余情况的基础上，逐级分解落实高标准基本农田建设任务；二要坚持"相对集中，连片推进"的原则，建一片成一片，避免因分散建设影响高标准基本农田生产经营效果；三要以土地整治项目为载体，严格按照国家有关规定和标准进行建设与管理，并根据建设方式不同，遵循"缺什么、补什么"原则，实行差别化管理，全面推进高标准基本农田建设。2012年1亿亩高标准基本农田建设任务已经下达，各地要按照要求编制实施方案，采取有力措施，落实年度建设计划任务。

（三）着力实施重大工程和示范建设

土地整治重大工程是以落实土地整治规划确定的重点区域内大规模耕地整理、大面积节水增地、大幅度提高高产稳产基本农田比例的土地整治项目。土地整治示范建设是指在省或县范围内，以农田整治整村连片推进为重点，以有效统筹各类涉农资金共同投入为手段的土地整治项目。经过多年的探索和实践，土地整治重大工程和示范建设已经成为土地整治工作的重要抓手。要继续实施国家级基本农田保护示范区，重点加强高标准基本农田示范县建设，有序推进土地整治示范省建设，积极实施土地整治重大工程，充分发挥典型示范和带动作用，努力营造"多轮驱动"、相互促进的工作局面。十个土地整治示范省建设，要按照部省合作协议要求在2012年底前按时、保质、保量完成，并认真做好总结验收等工作。对于已经实施的十个土地整治重大工程，要加快实施进度，同时要依据规划适时安排一批新的重大工程。要在认真总结评估116个国家级基本农田保护示范区的基础上，加大对500个基本农田整治示范县的政策、资金支持力度，着力推进高标准基本农田示范县建设。

（四）加大资金整合和政府支持力度

"十二五"时期，土地整治任务重、资金需求量大，仅完成4亿亩高标准基本农田建设，资金需求就达到6000亿元左右。资金筹措是完成《全国规划》目标任务的重要保障，要努力形成政府投入持续加大、社会力量广泛参与、市场机制不断完善的多元化资金投入渠道。在收足、用好、管住取自土地管理环节各项资金，确保土地整治资金主渠道的基础上，按照"渠道不变、管理不乱、统筹安排、各计成效"的原则，以县为单位，聚合相关涉地涉农资金，集中投入土地整治特别是高标准基本农田建设，充分发挥资金集中使用的综合效益。与此同时，要鼓励各地"以补代投"、"以补促建"等，以及制定扶持政策，鼓励农民自愿投资投劳，引导民间资本参与土地整治，特别是高标准基本农田建设。同时，继续坚持土地整治与城乡建设用地增减挂钩政策措施相结合，按照国务院有关文件要求，规范抓好政策措施的落实。

（五）不断完善体制机制

建立健全工作机制和激励机制是保障土地整治工作持续发展的保障。一要调整完善各级国土资源部门的土地整治管理职能，按照国家监管、省级负总责的要求，建立起职责明确、各有侧重、上下联动、监管和实施有力的新型管理体制和机制。二要建立各部门合力推进的工作机制，建立"政府主导、农村集体经济组织和农民为主体、国土搭台、部门参与、统筹规划、整合资金"的工作机制，通力协作，合力推进土地整治工作。三要建立农田整治激励机制，加大中央和地方财政的转移支付力度，构建区域补偿机制，完善新增费分配制度。四要探索建立耕地保护经济补偿机制，加大对基本农田保护和补充耕地重点地区的支持力度，充分调动地方和农民建设高标准基本农田的积极性。

（六）切实强化项目管理和建后管护

要进一步加强土地整治工程项目管理，按照有关规定组织立项、实施和验收，严格执行项目法人制、招投标制、合同制、工程监理制和公告制等制度，做到程序合法、责任明确、监管到位，确保土地整治项目运作公开、公平、公正，干部队伍廉洁自律；要加强土地整治验收评估，严格依据土地整治有关标准和规划设计，引入专家评估机制，确保评估结果的客观真实，并将验收评估结果与土地整治工程立项挂钩，评估不合格的，不得再安排新的土地整治项目。要按照"高标准建设、高标准管护、高标准利用"要求，建立健全整治耕地，特别是高标准基本农田的管护制度，不断提高耕地质量和利用水平；要建立完善动态监测体系，将建成的高标准基本农田纳入国土资源遥感监测"一张图"和综合监管平台，实现实时、全面的跟踪监测、监管，确保建成后的高标准基本农田永久保护并长久发挥功效。

推进土地整治、建设高标准基本农田意义重大、影响全局，党中央、国务院高度重视，社会广泛关注，任务十分艰巨、时间十分紧迫，需要加强组织、通力协作，更需要统筹谋划、大力推进。希望土地整治、建设高标准基本农田的重要组织者、参与者和实施者认真学习、深入交流、提高认识、振奋精神，以更加饱满的热情投入到这项工作中来，努力开创土地整治事业新局面。

在贯彻实施全国土地整治规划
加快建设高标准基本农田现场会上的讲话

财政部经济建设司司长　李敬辉

（2012 年 6 月 26 日，根据录音整理）

大力推进土地整治、建设高标准基本农田关系现代农业发展，关系农业综合生产能力提高，关系中国特色城镇化进程，是新形势下统筹城乡发展、建设生态文明的重要平台和有力抓手。党中央、国务院领导高度重视，就加快编制实施全国土地整治规划、建设高标准基本农田作出了明确指示和要求，需要我们认真抓好贯彻落实。下面我结合财政工作讲几点意见：

一、创新政策、集中资金，近年中央财政支持土地整治取得了积极成效

近年来，财政部配合国土资源部不断调整完善中央分成新增费使用政策，按照集中资金办大事原则，积极推动政策创新，强化财政资金管理，有效推动了土地整治工作。

一是财政投入规模不断扩大。从 2001 年开始，财政部、国土资源部通过中央分成新增费支持农村土地整治项目，当年安排资金 10 亿元。近年来，中央资金投入逐年加大，2011 年已达到 457 亿元，是 2001 年的 40 多倍。据统计，"十一五"期间中央财政投入的新增费、用于农业综合开发、水土保持、土壤质量提升等农田整治或建设方面资金共 1464 亿元，其中新增费 828 亿元，占总投入的 57%，已成为农田整治或建设资金的最重要来源。

二是财政资金投入更加集中。为落实国务院领导提出的"中央支配的新增费要适当大一点，支持实施大面积造地"的有关要求，从 2008 年开始，财政部、国土资源部在继续按因素法分配资金的同时，将中央分成新增费的 30% 集中用于国务院确定的土地整治重大工程。目前，财政部、国土资源部已陆续批复实施了湖北南水北调汉江沿线、新疆伊犁河谷、黑龙江三江平原等十余项土地整治重大工程，累计投入资金 157 亿元，建设总规模近 4000 万亩，预计可新增耕地 800 万亩。集中资金支持各地大面积造地，引导资金形成合力，有力落实了党中央、国务院的决策部署，发挥了新增费资金规模效益。

三是财政政策创新取得突破。为进一步统筹使用各项土地整治资金，2010 年，财政部、国土资源部按照"典型示范、连片整治、整体推进"原则，启动实施了农村土地连片整治示范工作，并与山东、湖北等 10 个示范省份签订了 3 年协议，中央切块安排示范资金 260 亿元，带动地方投入 300 亿元。这种资金投入方式和管理模式明确了中央和地方责任，极大地调动了地方的积极性和主动性，各示范省因地制宜选择示范区域、自主落实项目、整合资金渠道，积极开展示范工作。国土资源部、财政部则将主要精力放在绩效考评与监督考核上，有效保证了政策的贯彻落实。目前，湖北仙洪、广西桂中、黑龙江松嫩平原等多个示范区土地连片整治工作已卓有成效，示范建设已成为促进农业发展和农民增收、加快社会主义新农村建设的重要平台，也得到了国务院领导的充分肯定。

四是财政资金管理有效加强。近年来，新增费资金投入规模不断加大，对资金管理也提出了更高的要求。财政部、国土资源部先后制定了《中央分成新增建设用地土地有偿使用费稽查暂行办法》，修订了《新增建设用地土地有偿使用费资金使用管理办法》和《土地开发整理项目预算定额标准》，出台了几十项法规文件，对土地整治项目从项目论证、预算编制、资金申报、预算拨付、决算审核全过程进行了规范，进一步提高了新增费管理的科学化、精细化水平。

五是政策效果更加显著。"十一五"期间，中央财政通过支持土地整治项目，新增耕地3100多万亩，直接惠及9100万农民群众。土地整治项目的大力实施促进了农业生产条件和生态环境的改善，同时促进了农民增收和农村经济的发展。集中资金投入粮食主产区，支持重大工程项目，既解决了党中央、国务院关注的重大问题，体现了中央财政在资金使用安排上从国家和宏观层面统筹把握，也为建设高标准基本农田创造了良好的条件和基础。

二、完善政策、强化管理，加快推动高标准基本农田建设

尽管近年在完善土地整治政策方面做了不少探索与创新，但目前部分省份，特别是非示范省份仍存在资金投入重点不够突出、土地整治项目与农业发展重点衔接不够紧密等问题。推进高标准基本农田建设是在前一段加大土地整治工作力度的基础上，把土地整治和提高粮食生产能力建设有效结合起来，既有效解决当前土地整治中存在的突出问题，又更好地发挥资金政策合力的重大举措。在推进这项工作中，建议注重以下几个方面：

一是更加注重规划引导与先行。土地整治规划是开展土地整治和高标准基本农田建设的重要前提，是资金筹措安排的重要依据。2012年4月，国土资源部、财政部已联合印发了《关于加快编制和实施土地整治规划大力推进高标准基本农田建设的通知》（国土资发〔2012〕63号），对做好规划编制工作提出了具体要求。要充分认识规划编制对于统一思想认识、明确目标任务、强化落实措施的重要作用，切实提高规划的科学性、可行性和操作性，同时抓紧编制年度计划和实施方案，落实好高标准基本农田建设任务。

二是更加注重突出支持重点。温家宝总理指出，建设旱涝保收高标准基本农田要抓住重点地区和关键措施，重在取得实效。"十二五"期间建

设 4 亿亩高标准基本农田，重点区域是粮食主产区和产粮大县，核心是本次启动的 500 个示范县。要进一步突出投入的重点，向 500 个示范县倾斜，向粮食主产区倾斜。抓好农田水利、农业科技等关键措施，研究建立后期管护机制，力争做到建设一片、见效一片。

三是更加注重整合财政资金。"十一五"期间土地整治工作取得很好的成绩，很重要一点在于注重了资金政策的整合，许多地方将土地整治项目打造成了支持农业、农村发展的重要平台。当前，推进高标准基本农田建设，更是要强调在保持现有渠道和用途不变的前提下，以新增费为主体引导和聚合农业、水利、环境保护、农业综合开发等资金，集中投入项目区，发挥综合效益。要研究探索把高标准基本农田保护建设与建立粮食主产区利益补偿机制相结合的可行性和具体办法，充分调动农民群众的积极性。

四是更加注重强化资金监管。当前，土地整治资金规模越来越大，各级财政和国土资源部门要切实负起责任，强化资金监管和追踪问效。要积极探索实行绩效管理，中央将选取部分省份开展试点，建立绩效考评体系，进行认真考核，加强新增费资金使用管理的专项稽查，以保证资金使用的安全。同时，中央财政在分配新增费时与各地上年度高标准基本农田建设计划执行情况挂钩，确保资金使用效益。

三、积极行动、加强配合，确保高标准基本农田建设任务落到实处

"十二五"期间建设 4 亿亩旱涝保收的高标准基本农田任务艰巨，地方各级财政部门要充分认识到这项工作的重要性和紧迫性，积极筹措资金，确保取得实效。下面就财政部门如何做好支持配合工作讲几点要求：

一是统一思想、提高认识。要把思想统一到党中央、国务院关于高标准基本农田建设的战略部署上来，统一到本次会议精神上来，充分认识高标准基本农田建设对于保障粮食安全、统筹城乡发展、促进新农村建设的重要意义，进一步增强使命感与责任感，确保建设目标早日实现。

二是抓好当前工作、启动示范建设。当前第一要务是按照当地政府统一部署，支持配合国土资源部门尽快编制完成土地整治规划，结合各地财力和地方实际，分解落实高标准基本农田建设任务。要支持加快启动示范工作，抓紧实施一批以高标准基本农田建设为重点的土地整治项目。

三是完善财政政策，做好资金保障。各级财政部门要牵头研究资金投入政策，科学合理测算资金需求，加大资金支持力度。探索"以补促建"等投入方式，注重调动农村集体和农民的积极性。以中央资金为引导，推动地方尤其是县级人民政府按照"渠道不变、集中投入、各计其效"原则整合相关资金，吸引社会资金投入，逐步建立资金多元化保障机制。

四是加强组织领导、注重协调配合。各级财政部门要在地方党委、政府统一领导下，完善各项配套政策，建立必要的机构保障和制度保障。要加强与国土资源等相关部门的协调配合，实现部门联动。同时，及时就工作中的问题与财政部沟通，以便于加强指导。

在贯彻实施全国土地整治规划加快
建设高标准基本农田现场会上的总结讲话

国土资源部副部长　王世元

（2012 年 6 月 27 日，根据录音整理）

同志们：

　　为期两天的贯彻实施全国土地整治规划、加快建设高标准基本农田现场会就要结束了，来自中央国家机关有关部门的负责同志、31 个省（区、市）政府和新疆生产建设兵团的副秘书长和国土资源、财政部门负责同志共 300 多名代表，以及新闻记者参加了会议。湖北省委李鸿忠书记在会见徐绍史部长时，提出湖北发展态势很好，已迎来科学发展、跨越式发展的"黄金十年"，要充分发挥土地载体的支撑作用，切实作好耕地保护和节约集约用地工作。徐绍史部长在讲话中充分肯定了土地整治工作取得的成效和作用，并围绕经济社会发展大局，对推进土地整治工作提出了明确要求。湖北省王国生省长在讲话中介绍了湖北省推进土地整治建设高标准基本农田的进展、做法和成效，提出了下一步的工作重点。财政部李敬辉司长在讲话中提出今后各级财政部门要在地方党委、政府的统一领导下，加强与国土资源等相关部门的协同配合，加快高标准基本农田建设。通过考察湖北省咸宁市嘉鱼县土地整治现场，了解了土地整治、高标准基本农田建设在服务"三农"、促进城乡统筹发展和新农村建设等方面发挥的重大作用。12 个省、市、县的代表分别介绍了土地整治、工作推进、制度建设、规划编制等方面的做法，交流了思路和方法，总结提升了经验，类型丰富、模式多样、特色鲜明、语言精练，很值得借鉴推广。

会议期间，同志们围绕学习领会几位领导的讲话精神，结合现场考察，认真思考、深入交流，积极建言献策，取得广泛共识，会议达到了预期目的。湖北省委、省政府，咸宁市委、市政府高度重视这次会议，会议组织周密，服务保障有力，取得了预期成效。在此，我代表会议主办单位，再次向湖北省委、省政府，咸宁市委、市政府，向出席会议的中央国家机关有关部门负责同志，向全体与会代表以及为现场会成功举办付出辛勤工作的同志们，向新闻媒体的各位朋友们，表示衷心的感谢！下面，就贯彻落实会议精神，讲四点意见。

一、会议进展顺利，取得了预期效果

一是主题鲜明，重点突出。这次会议围绕贯彻实施全国土地整治规划、加快建设高标准基本农田的主题，全面总结"十一五"时期以来土地整治工作的进展、成效和经验，深入分析土地整治面临的新形势、新要求，全面部署"十二五"时期土地整治、高标准基本农田建设工作。会议期间，与会代表紧紧围绕会议主题考察交流，既有国家的部署和要求，又有来自各地实践的鲜活经验总结，针对性、示范性都很强，会议形成的成果对下一步大力推进土地整治、加快建设高标准基本农田具有重要意义。

二是形式多样，内容丰富。会上，几位领导的讲话提出了"十二五"时期土地整治、高标准基本农田建设的目标要求，明确了工作部署。对土地整治典型项目的现场考察进一步增强了大家的感性认识，很有说服力。12个省、市、县的经验各具特色、精彩纷呈。会议期间，还召开了贯彻落实全国土地整治规划加快建设高标准基本农田新闻发布会，与有关媒体就有关问题进行了交流互动。这次会议安排紧凑，内容充实，效果很好。

三是思路清晰，共识广泛。此次会议上，与会者认真学习了党中央、国务院的决策部署、《全国土地整治规划（2011～2015年）》和国土资源部、财政部联合下发的"两个文件"，认真学习领会了几位领导的讲话，进一步理清了思路、统一了认识、明确了目标任务、达成了广泛共识。与会代表表示：将顺应新的形势，把握客观规律，健全和完善体制机制，聚合资金资源，调动多方力量，积极探索出一条不以牺牲耕地和粮食、不以牺牲生态环境为代价的城乡统筹发展新路子，大力推进土地整治各项工作，更好地服务"三农"、促进"三化"同步协调发展。

二、进一步提高对推进土地整治、建设高标准基本农田的认识

实践证明，土地整治、高标准基本农田建设是服务"三农"、促进"三化"的重要平台和抓手，也是促进经济发展方式转变、扩大内需的新举措。我们一定要按照党中央、国务院的决策部署，按照几位领导的讲话要求，紧密结合经济社会发展形势，进一步加强学习、深刻领会、统一思想、提高认识。

（一）切实摆到经济社会发展大局中统筹谋划

徐绍史部长在讲话中提出，要把土地整治工作摆到国家经济社会发展全局中去思考和定位，立意深远、方向明确。徐绍史部长讲话深刻分析了土地整治工作的重大转变，充分肯定了土地整治工作的成效和作用，着重指出要顺应发展趋势，把服务"三农"作为土地整治、建设高标准基本农田的着力点；要遵循客观规律，与经济社会发展进程和农村自身发展相适应，积极稳妥推进土地整治、高标准基本农田建设；要创新体制机制，确保土地整治、高标准基本农田建设持续推进；要维护农民权益，让农民在土地整治、高标准基本农田建设中受益。我们要认真学习、深刻领会徐绍史部长的重要讲话精神，切实将土地整治、高标准基本农田建设摆到经济社会发展大局中去谋划推动，以高度的责任感、紧迫感，全力做好工作。

（二）切实按照会议的部署要求组织推进

这次会议围绕贯彻"十二五"时期土地整治的目标任务，部署了工作，提出了要求。各地要把对土地整治工作的安排，统一到《全国土地整治规划（2011～2015年）》的总体部署上来，统一到几位领导的讲话要求上来。要以严格保护耕地和节约集约用地、促进农业现代化和城乡统筹发展为目标，以建设4亿亩高标准基本农田为重点，统筹安排农田和村庄土地整治、损毁土地复垦和宜耕后备土地开发等土地整治的各项任务，加快落实2012年1亿亩高标准基本农田建设任务，确保土地整治的总目标和阶段性目标落到实处。要抓住土地整治规划编制、土地整治重大工程和示范建设、筹措整合资金、完善体制机制、强化项目管理和建后管护等关键环节，采取有效措施，确保土地整治、高标准基本农田建设工作取得实效。土地整治规划还没有编制好的地方，要加强组织、加快推进；已经编制好的地方，要按照此次会议精神抓紧修改完善，确保2012年底全面完成土地整治规划编制任务。

（三）切实充分借鉴地方实践经验来规范提升

会议全面总结了"十一五"时期以来全国土地整治取得的经验，概括起来就是：坚持围绕中心、服务大局，坚持规划统筹、试点引路，坚持尊重民意、维护权益，坚持创新机制、形成合力。来自湖北省、江苏省、山东省、黑龙江省、广西壮州自治区、四川省、宁夏回族自治区，以及湖北省嘉鱼县、山西省吕梁市、河南省邓州市、广西壮族自治区龙州县、陕西省延安市的12个典型代表介绍了土地整治工作取得的成功经验和有效做法。通过现场考察和典型交流，土地整治工作重点是要抓住几个关键环节，归纳起来就是"划得准、调得开、建得好、保得住"。所谓"划得准"，就是要根据土地利用总体规划、城镇建设规划、土地整治规划等，合理划定土地整治重点区域和整治项目，核心是土地用途管制制度的落实；所谓"调得开"，就是土地整治涉及的地块归并、权属调整等，要充分尊重农民意愿，凡权属有争议的，不得强行开展土地整治，切实维护农民合法权益；所谓"建得好"，就是要加强政府主导下的多部门协同配合，有效整合资金，严格按照标准规范建设高标准基本农田；所谓"保得住"，就是要建立管护制度，完善动态监测体系，实现实时、全面跟踪监测监管，确保整治后的耕地特别是高标准基本农田得到永久保护，真正让基层满意，让农民群众满意。这些经验和做法是鲜活的，具有重要的示范和借鉴意义。各地要结合实际，互相学习和借鉴，试点示范地区要继续深入探索；国土资源部相关司局要加强跟踪研究，及时总结提升，加强政策储备，形成制度性成果，指导面上工作，努力把土地整治工作水平提高到一个新台阶。

三、抓住机遇，深入推进土地整治、高标准基本农田建设工作

各地要依据《全国土地整治规划（2011～2015年）》的安排和文件要求，按照徐绍史等领导的讲话要求，抓住机遇、乘势而上、有序推进。

一是更加突出服务"三农"导向。推进土地整治、建设高标准基本农田要始终以服务"三农"为着力点，紧紧围绕"三农"发展要求，与现代农业发展、农村剩余劳动力转移、农民生产生活方式转变等相结合。要针对农业基础设施薄弱现状，加快推进土地平整、灌溉与排水、田间道路、农田防护与生态环境保护及其他等土地整治的五项工程，完善田间基础设施，扩大有效灌溉面积，提高机械化水平和粮食综合生产能力，增强抵御自然灾害能力，改善农田生态系统；要针对农村居民点布局散乱、生活环境差、利用效率低的状况，稳妥推进农村建设用地整治，加强农村基础设施建设和公共服务设施配套，加快改善农村村容村貌；要针对农民持续较快增收难度大的问题，通过大力推进土地整治、高标准基本农田建设，降低农业生产成本、改善农业生产条件，推动农业规模化、产业化经营，从而提高农民务农收入，通过引导农民参与项目建设

而增加劳务收入，通过土地整治为特色农业产业发展创造条件，积极培育农业经济新的增长点。

二是更加关注农民权益维护。推进土地整治、建设高标准基本农田要始终以切实维护农民权益为出发点和落脚点，坚持群众自愿、因地制宜、量力而行、依法推动。要始终把维护农民和农村集体经济组织的主体地位放在首位，依法保障农民的知情权、参与权和受益权，切实做到整治前农民自愿，整治中农民参与，整治后农民满意；要按照《国土资源部关于加强农村土地整治权属管理的通知》（国土资发〔2012〕99号）要求，认真做好土地整治前后土地调查和确权登记工作，严格按照经过批准的土地权属调整方案，认真核实整治前后的土地利用、权属状况，做到权属明晰、确权到位，这是维护农民权益的重要保障，也是国土资源部门的重要职责所在，要真正把土地整治建设成民心工程、惠民工程，把好事办得更好。

三是更加强化机构队伍建设和廉政建设。要加快建立与土地整治任务相匹配的专业队伍，落实人员编制，解决工作经费，充实专业人员；要进一步完善土地整治工程项目管理相关制度措施，全面规范规划设计、工程监理、招投标、工程施工、评估验收等环节，确保项目规范实施和阳光运作；要强化各级国土资源部门和财政部门监管职责，转变各级土地整治机构职能，加强廉政风险排查，建立责任追究机制，确保廉洁自律。

四是更加重视发挥长久效益。不仅要建设好高标准基本农田，还要永久管护好，还需探索建立健全管护的制度和机制，使其发挥长久效益。对已建成和新建的高标准基本农田要及时做好土地变更登记、上图入库，设立统一标志，统一监管，实行永久保护。要充分利用国土资源遥感监测"一张图"和综合监管平台，实现对基本农田的空间布局变化、质量等级变化、利用效率变化情况的监测，定期通报监测情况，为持续管护、发挥效益提供依据。各地在签订耕地保护目标责任中要突出对高标准基本农田的保护，将划定的基本农田落实到村组和承包农户，明确保护责任，确保"建成一块、保护一块"。

五是更好地发挥政策和资金的支撑作用。城乡建设用地增减挂钩和新增建设用地土地有偿使用费等资金是土地整治工作中的两项重要支撑。近年来，在开展土地整治中推行的城乡建设用地增减挂钩试点政策，有力地调动了地方政府统筹配置城乡土地资源的积极性，对推动资源、资金在城乡间双向流动发挥了重要的撬动作用。按照规划安排，要进一步深化土地整治与城乡建设用地增减挂钩等措施更加紧密地融合起来，建立城乡要素平等交换和合理补偿的机制，将增减挂钩指标收益返还农村，用于农村基础设施、公共服务设施建设，支持农业、农村发展和改善农民生活条件，更好地促进土地整治和高标准基本农田建设。

新增建设用地土地有偿使用费、用于农业开发的土地出让收入、耕地开垦费、土地复垦费等资金，对推进土地整治、高标准基本农田建设发挥了十分重要的支撑作用。但实施土地整治规划需要的资金总量仍有缺口。为此，首先要充分用好、用足现有资金，资金沉积较多的地方，要按照新的政策规定，抓紧编制使用方案。其次要在确保土地整治资金主渠道的前提下，收足、用好、管住取自土地管理环节的各项资金，并积极引导和聚合其他相关涉地、涉农资金，包括城乡建设用地增减挂钩返还农村的资金，共同投入土地整治、高标准基本农田建设，发挥综合效益。

六是更好地发挥各有关职能部门优势。各部门发挥职能优势、形成合力是推进土地整治、高标准基本农田建设的组织保障。各级国土资源部门在党委、政府的领导下，要更好地利用我们在土地利用现状调查和年度变更调查、土地权属调查和土地确权登记颁证、土地利用总体规划和土地整治规划、基本农田划定和保护及农用地分等定级、土地质量地球化学评估、国土资源综合监管平台建设等方面的工作基础，充分发挥好用途管制、权属管理、土地整治和执法监管等制度保障优势，积极主动谋划，努力搭建好平台，在"划得准、调得开、建得好、保得住"中发挥更大作用。同时，更要看到，发展改革、财政、水利、农业等相关部门在规划统筹、资金保障、水利配套、地力培肥等方面都各具优势，我们要在各级政府的主导下，主动与相关部门紧密配合，共同推进工作。

四、认真学习传达，抓好会议精神的贯彻落实

一是及时汇报，尽快传达。这次会议总结了成效，分析了形势，部署了工作，提出了要求，对推进土地整治、建设高标准基本农田工作十分重要。请大家认真思考、深刻领会。请与会的各省（自治区、直辖市）国土资源部门负责同志要配合秘书长及时向政府分管领导和主要领导做好汇报，同时，研究提出具体贯彻实施意见。要将会议要求尽快传达到市、县，将思想认识统一到这次会议精神上来，将会议提出的有关要求真正转化为具体的行动加以落实，确保土地整治工作扎实开展。

二是加强领导，加快部署。土地整治、高标准基本农田建设任务繁重、涉及部门多，政策性和技术性很强，要切实加强组织领导，落实责任和分工，提供坚强的组织保障。要切实在地方党委、政府的高度重视和支持下，按照国务院批复要求，明确县级以上人民政府作为责任主体，建立"一把手"负责制，将土地整治、高标准基本农田建设工作纳入政府重要议事日程，作为政府领导任期目标责任制的一项重要内容，并由上一级人民政府负责监督实施；要加强土地整治的计划管理，将高标准基本农田建设规模纳入经济社会发展年度计划，年初下达建设任务，年终纳入耕地保护责任目标考核内容，并将考核结果与高标准基本农田建设的资金分配、计划下达和政绩考核等相挂钩。

三是加强宣传，正确引导。要充分利用中央主流媒体等，采取多种宣传形式，对典型经验进行深度梳理，总结提升，跟踪报道，实现宣传效果最大化。各地也要对近年来的土地整治工作进行全面梳理，并利用各种媒体，加大宣传力度，再掀起一次深度宣传土地整治、高标准基本农田建设的热潮。同时，要进一步挖掘发现新的典型，及时加以总结宣传，特别要

加大对土地整治规划编制实施、重大工程和示范建设、高标准基本农田建设的宣传力度，营造良好的舆论氛围。

推进土地整治，建设高标准基本农田是一项利在当代、功在千秋的德政工程，使命光荣、责任重大。我们一定要以这次会议为契机，坚定信心、乘势而上、开拓创新、扎实工作，全面落实党中央、国务院关于开展土地整治，建设高标准基本农田的决策部署，取得实实在在的成效，为促进我国经济社会全面、协调、可持续发展作出更大的贡献！

规划解读

GuiHua JieDu

绘就"十二五"时期土地整治宏伟蓝图

——浅析"十二五"时期我国土地整治形势及目标任务

《全国土地整治规划（2011～2015年）》（以下简称《规划》）的颁布实施，正式拉开了新一轮土地整治的序幕。《规划》立足全局，统筹兼顾，是在我国经济社会发生深刻变革、土地整治内涵外延发生深刻变化的背景下编制完成的，充分体现了中央关于积极稳妥推进土地整治的精神，顺应了经济社会科学发展主题的要求。

一、起点：编制实施《规划》的背景和意义

（一）我国的社会发展阶段和资源条件需要实施土地整治战略

目前我国正处于工业化快速推进阶段，在工业化、城镇化和农业现代化同步加快推进的背景下，工业、农业争地，城镇、农村争地，生活、生产、生态争地矛盾不断加剧。同时，我国土地资源禀赋条件相对较差，水土资源分布不均衡，土地退化严重，自然灾害频发，导致土地资源利用限制条件多。土地需求刚性上升与供给刚性制约的矛盾日益加剧。近年来，各级国土资源部门依据土地利用总体规划和土地整治规划，大力推进农村土地整治工作，取得了显著的经济、社会和生态效益。实践证明，土地整治已经成为坚守耕地红线、促进节约集约用地的有效手段，成为推动农业现代化和新农村建设的重要平台，成为促进区域协调和城乡统筹发展的有力抓手。

（二）上一轮规划编制实施取得积极成效

2001 年，第一轮《全国土地开发整理规划（2001～2010 年）》编制实施以来，国土资源部积极发挥规划统筹作用，主动与城乡建设、产业发展、生态建设、新农村建设等规划有机结合，科学合理布局生产、生活、生态用地，实现农民居住向中心村镇集中、耕地向适度规模经营集中、产业向园区集中，实现耕地增加、用地节约、布局优化、要素集聚的目标。通过大力推进土地整治，建设高产稳产基本农田 2 亿多亩，新增耕地 4200 多万亩，经整治的耕地亩均产量提高了 10%～20%，农业生产条件明显改善，机械化耕作水平、排灌能力和抵御自然灾害的能力显著提高，为国家粮食连年增产奠定了坚实基础。农村散乱、废弃、闲置、低效利用的建设用地得到合理利用，土地利用布局得以优化，城乡发展空间得以拓展，农村基础设施和公共服务设施得以完善，农民的居住条件和生活环境显著改善。在一些老、少、边、穷地区，土地整治对推进扶贫开发、农民增收和社会和谐稳定发挥了重要作用。土地整治还有效改善了土地生态环境，促进了生态文明建设。

（三）党中央、国务院对土地整治工作提出了新要求

土地整治工作在党中央、国务院的大力支持下快速发展，在保护耕地、保障国家粮食安全、促进城乡统筹发展等方面发挥了重要作用。党的十七大提出全面建设小康社会的奋斗目标，《中华人民共和国国民经济和社会发展第十二个五年规划纲要》（以下简称《十二五规划纲要》）提出"十二五"时期必须将合理开发、节约利用资源放到国家发展全局的重要战略地位。我们要清醒地认识到，我国人多地少的基本国情没有改变，土地供需关系紧张的基本格局没有改变，土地利用面临的问题十分突出。中央经济工作会议明确指出，要着力加强农村基础设施建设，着力提高耕地质量，加快中低产田改造，大规模建设旱涝保收高标准农田。土地整治已经上升

为国家层面的战略部署，当前和今后一个时期，在全国范围大力推进土地整治的条件已经具备。

（四）土地整治内涵发生深刻变化，基础工作扎实推进，具备了编制实施《规划》的坚实基础

为积极稳妥推进土地整治工作，国土资源部大力加强土地整治制度建设，从调查评价、规划、建设、保护、监管和资金使用等方面，逐步完善管理制度和体制机制，先后颁布了《土地开发整理规划编制规程》、《土地开发整理项目规划设计规范》、《土地开发整理工程建设标准》和《农用地分等规程》等技术规范和标准，推进土地整治工作走上了法制化、制度化、规范化轨道；同时，不断强化土地整治基础工作，完成了全国第二次土地调查和全国农用地（耕地）分等定级工作，开展了全国多目标区域地球化学调查，部署开展农村土地所有权登记发证工作，并依托土地利用"一张图"工程建立了土地整治监管平台，为全面加强耕地数量、质量管理和动态监管奠定了坚实基础。随着土地整治事业不断发展，土地整治的范围和内涵已经发生了深刻变化。为了贯彻落实中央关于土地整治工作的决策部署，有效发挥土地整治规划统筹各项土地整治活动的综合效益，急需开展土地整治规划的编制工作。

二、跨越：《规划》确定的主要目标和任务

《规划》的主要目标任务包括三方面：一是以落实补充耕地任务为目标的农用地整治；二是以提高耕地质量为目标的高标准基本农田建设；三是以促进新农村建设和城乡统筹发展为目标的农村建设用地和旧城镇、旧工矿及"城中村"改造。与上一轮规划相比，本轮规划在落实补充耕地任务的同时，重点提出了高标准基本农田建设和农村建设用地、城镇工矿建设用地整治等安排，突出强调了加强耕地质量建设和发挥土地整治的综合平台作用。《规划》主要包括如下内容。

（一）指导思想

围绕深入贯彻落实科学发展主题和加快转变经济发展方式为主线，以保障国家粮食安全为首要目标，以推进新农村建设和统筹城乡发展为根本要求，加快推进农村土地整理复垦，着力加强耕地质量建设，建设旱涝保收高标准基本农田，积极开展城镇工矿建设用地整治，建立健全长效机制，全面提高土地整治工作水平，以资源可持续利用促进经济社会可持续发展。

《规划》提出，土地整治要坚持以下基本原则：一是坚持促进"三农"发展，统筹推进田、水、路、林、村综合整治，促进农民增收、农业增效、农村发展；二是坚持统筹城乡发展，规范推进农村建设用地整治，优化城乡用地结构和布局，加强农村基础设施建设和公共服务，促进城乡一体化发展；三是坚持维护农民合法权益，切实做到整治前农民自愿、整治中农民参与、整治后农民满意；四是坚持土地整治与生态保护相统一，在积极补充耕地数量的同时，更加注重提高耕地质量和改善农业生态环境，充分发挥土地整治的经济、社会和生态效益；五是坚持因地制宜、量力而行，立足地方经济社会发展实际，统筹安排、循序渐进地开展土地整治。

（二）主要目标

《规划》按照全面建设小康社会的总体要求，根据《十二五规划纲要》和《全国土地利用总体规划纲要（2006—2020年）》，提出规划期间土地整治的五项目标，确定了两项约束性指标和五项预期性指标。

一是从保障国家粮食安全出发，综合考虑农用地整治补充耕地面积潜力、农业生产技术进步和未来资金投入等条件，以及土地整治重大工程与示范建设带动等因素，确定到2015年基本农田整治规模为2666.7万公顷（4亿亩），农用地整治补充耕地72万公顷（1080万亩），宜耕未利用开发补充耕地59.7万公顷（895万亩）。通过全面分析耕地整治后提高等级潜力，结合农用地分等定级成果，并考虑到规划方案实施的可行性，确定到

2015 年经整治后耕地等级提高 1 个等,即粮食亩产增加 100 公斤以上。

二是从促进新农村建设和提高农村土地利用效率出发,根据农村建设用地整治潜力,确定到 2015 年整治农村建设用地规模为 30 万公顷(450 万亩),重点加强散乱、废弃、闲置和低效利用的农村建设用地整治,优化农村建设用地布局。

三是从挖掘城镇和工矿用地潜力、促进节约集约用地出发,综合考虑城镇"三旧"(旧城镇、旧厂矿、旧村庄)改造潜力和城镇土地利用效率状况,结合资金保障程度等因素,确定到 2015 年通过城镇建设用地整治,促进单位国内生产总值建设用地降低 30%。

四是从促进土地合理利用和改善生态环境出发,与《土地复垦条例》相衔接,综合考虑工矿废弃地复垦潜力、年度自然灾害损毁土地规模、实施重点煤炭基地土地复垦重大工程和资金保障程度等方面,确定到 2015 年损毁土地复垦补充耕地规模为 28.3 万公顷(425 万亩)。全面复垦生产建设活动新损毁土地,历史遗留损毁土地复垦率达到 35% 以上,及时复垦自然灾害损毁土地。

五是从增强土地整治实际操作的有效性出发,促进土地整治工作机制更加健全,制度规范更加完善,科技支撑更加有力,公众参与更加充分,监督管理更加有效。

(三)重点任务

《规划》重点任务包括:

(1)以落实补充耕地任务为目标的农用地整治。一是适度开发宜耕后备土地,强化新增耕地质量建设和管理;二是合理引导农业结构调整,加强低效园地、林地整治,推进草地综合整治。在深入开展宜耕后备土地开发潜力调查评价的基础上,科学划定东部沿海滩涂区等九个土地开发重点区域,组织实施宜耕后备土地开发重大工程。

(2)以提高耕地质量为目标的高标准基本农田建设。一是大规模建设旱涝保收高标准基本农田，加强基本农田集中区建设和管理，优化基本农田多功能布局；二是大力加强农田基础设施、农田防护与生态环境保持工程建设，积极开展坡耕地整治、特色农产品原产地土地整治等，切实加强耕地质量建设；三是结合粮食主产省、主产县、基本农田状况、资金保障能力、工作基础等情况，以县为单位划定了华北平原区等10个农用地整治重点区域，组织实施粮食主产区基本农田整治工程和西部生态建设地区农田整治工程；四是以示范建设构筑全域整治新机制，集中资金、突出重点，在继续实施116个基本农田保护示范区建设的基础上，着力打造500个高标准基本农田建设示范县建设，同时，继续推进示范省建设。

（3）以促进新农村建设为目标和城乡统筹发展为目标的农村建设用地整治和旧城镇、旧工矿及"城中村"改造。一是统筹规划乡村土地利用，优化农村建设用地布局，加强乡村景观特色保护；二是稳妥推进村庄土地整治，加强散乱、废弃、闲置、低效利用农村建设用地整治，加强基础设施与公共服务设施配套建设，推进新型农村社区建设；三是严格规范城乡建设用地增减挂钩试点，严格控制增减挂钩规模与范围，确保土地收益全部返还农村，严格试点监督管理；四是积极开展旧城镇改造，强化城镇改造的规划控制，鼓励有条件的地区开展旧城镇改造，强化配套设施与节地建设，加强历史文化保护；五是充分挖掘现有工矿用地潜力，促进改造区产业更新升级，引导工业集聚发展；六是稳步推进"城中村"改造，加强土地权属管理，切实改善人居环境。

（4）以促进土地合理利用和改善生态环境为目标的土地复垦。一是加大历史遗留损毁土地复垦力度，全面实施生产建设活动新损毁土地复垦，完善土地复垦质量控制，严格土地复垦工作监管，组织实施土地复垦重大工程；二是及时开展自然灾害损毁土地复垦，加大灾毁土地复垦力度，加强地质灾害易发区损毁土地复垦，推进土地生态环境整治示范工程建设；三是在全面调查的基础上，以县为单位划定10个土地复垦重点区域，组织实施3项土地复垦重大工程。

（四）保障措施

一是加强规划实施的组织领导，健全土地整治规划体系，严格实施土地整治规划；二是加强规划实施的公众参与，改进规划工作方式，切实维护土地权益，推行信息公开制度；三是加强土地整治计划管理，严格土地整治资金管理，建立健全土地整治工程项目实施监管体系；四是建立农田整治的经济激励机制，探索促进旧城镇、旧工矿、旧村庄改造的政策机制，探索土地复垦激励机制；五是加强基础和能力建设，加快土地整治法制建设步伐，健全土地整治技术标准体系，推进土地整治规划管理信息化建设。

三、聚焦：《规划》的主要特点

（一）在内容上突出基本农田建设

本轮《规划》在指导思想和原则、目标任务和布局等章节安排上，突出强调了基本农田建设和建设用地整治的重要性。确定"十二五"期间再建成4亿亩旱涝保收高标准基本农田的约束性指标，是一项必须完成的硬任务，并设置了一系列实施抓手，围绕建立基本农田集中投入制度，提出继续实施116个基本农田保护示范区建设，重点加强500个高标准基本农田建设示范县建设，积极实施土地整治重大工程，新建5000处万亩连片的高标准基本农田保护示范区，全面保障高标准基本农田建设任务的落实。

（二）在实施方式上突出全域推进

为保障规划目标任务的全面有效实施，《规划》在总结土地整治工作经验的基础上，突出强调全域规划、全域设计、综合整治的全域土地整治推进模式。一是在区域尺度上，统筹区域土地整治，提出不同区域土地整治方向、措施和模式；二是在市、县域尺度上，以耕地面积增加、耕地质量提高、建设用地总量减少、农村生产生活条件和生态环境明显改善为目标，统筹安排农用地整治、农村建设用地整治、城镇工矿建设用地整治、土地复垦和未利用土地开发等各类土地整治活动；三是与相关规划进行衔接，确保规划的有效实施。同时，规划明确提出示范建设是全域土地整治推进模式的重要实施方式。

（三）在保障措施上突出机制创新

《规划》任务的全面完成，需要大量资金保障，在充分利用现有用于土地整治资金的基础上创新机制，积极调动社会资金参与土地整治，是本轮规划的又一个突出特点。《规划》提出积极探索建立土地整治经济激励机制，一是对基本农田保护和补充耕地重点地区，探索建立耕地保护经济补偿机制；二是形成以政府资金为主导，吸引社会资金投入的土地整治资金保障体系，探索土地整治市场化机制；三是鼓励挖掘存量建设用地潜力，鼓励各类企业在符合规划、不改变用途的前提下提高土地利用率，促进土地深度开发，推动经济发展方式转型。

本轮《规划》在突出以上内容的基础上，还强调了农村建设用地整治、城镇工矿建设用地整治、土地复垦和宜耕后备土地开发等有关内容，制定了完成规划目标任务的有效路径，为未来土地整治工作的开展指明了方向。

统筹推进土地整治　服务城乡协调发展

　　经过十余年的发展，土地整治的内涵和外延发生了深刻变化。在范围上，已由相对孤立、分散的土地开发整理项目向集中连片的综合整治转变，从农村延伸到了城镇；在内涵上，已由增加耕地数量为主向增加耕地数量、提高耕地质量、改善生态环境并重转变；在目标上，已由单纯的补充耕地向建设性保护耕地与推进新农村建设和城乡统筹发展相结合转变；在手段上，已由以项目为载体向以项目、工程为载体结合城乡建设用地增减挂钩、工矿废弃地复垦利用等政策的运用转变。土地整治发展到今天，可以概括为对低效利用、不合理利用和未利用的土地进行治理，对生产建设破坏和自然灾害损毁的土地进行恢复利用，以提高土地利用率的活动。其内容包括农用地整治、农村建设用地整治、城镇工矿建设用地整治、未利用地开发和土地复垦；其形式表现为以村、镇为基本整治区域，全域规划、全域设计，对区域内的田、水、路、林、村实行综合整治，统筹城乡土地利用，实现城乡协调发展；其目标更加多元化，呈现出区域综合性、多功能性、多效益性等特征。

　　综上所述，统筹推进区域土地整治，注重发挥土地整治的整体效益是当前土地整治工作的必然选择。

　　《全国土地整治规划（2011～2015年)》（以下简称《规划》）在规划目标、内容、区域和措施上都充分体现了统筹推进土地整治的内容。

一、统筹安排高标准基本农田建设规模、补充耕地总量等目标

　　4亿亩高标准基本农田建设规模和2400万亩的补充耕地面积将作为约束性指标，通过省、市、县级土地整治规划层层分解落实。《规划》对4

亿亩高标准基本农田建设任务分解的基本思路是，综合考虑资源条件，包括基本农田的数量、质量、布局等因素，为各省（自治区、直辖市）确定一个基本的整治比例，在此基础上根据资金保障程度进行修正，即对新增费收缴情况较好的省份提高10%，对新增费收缴情况好同时结余资金量大的地方再提高10%；反之，对新增费收缴情况不好的省份降低10%，对新增费收缴情况不好，同时基本农田面积又很大的地方，再降低10%；最后进行综合平差。《规划》对2400万亩补充耕地指标分解的基本思路是综合考虑各省补充耕地潜力状况、"十二五"期间建设占用耕地量、中央支持的重大工程项目布局等因素确定。

二、统筹各项土地整治活动

围绕着力打造以土地整治为主要内容的城乡统筹发展平台，综合运用新增建设用地土地有偿使用费政策与城乡建设用地增减挂钩政策，将田、水、路、林、村、城、镇等土地整治要素有机结合在一起，以耕地面积增加、耕地质量提高，建设用地总量减少、农村生产生活条件和生态环境明显改善为目标，统筹安排农用地整治、农村建设用地整治、城镇工矿用地整治、土地复垦和未利用地开发等各类活动，突出"全域规划、全域设计、综合整治"。

三、统筹区域土地整治

落实国家区域发展总体战略和主体功能区战略，根据国家对不同地区的不同定位，结合不同区域的经济社会发展水平和自然资源特点，实施差别化土地整治。东部地区要积极开展城乡建设用地整治，着力提高土地资源利用效率，化解土地资源瓶颈制约，积极探索土地整治新机制。中部地区要加强田、水、路、林、村综合整治，稳步提高粮食综合生产能力，巩固提升全国重要粮食生产基地的地位，保障科学发展用地需求。东北地区要大规模开展基本农田整治，切实保护好黑土地资源，建设稳固的国家粮食战略基地，加大资源枯竭地区土地复垦力度，积极开展旧工业区整治。西部地区要推广生态型土地整治模式，加强坡耕地整治，促进国土生态安全屏障建设。加大对革命老区、民族地区、边疆地区、贫困地区土地整治扶持力度，加强生态退耕地区基本口粮田建设，强化生态保护和修复，发展特色农、林、牧业，切实改善老、少、边、穷地区生产生活条件。

四、与相关规划充分衔接

为保障《规划》确定的目标任务得到落实，土地整治规划依据《全国土地利用总体规划纲要（2006～2020年）》和《中华人民共和国国民经济与社会发展第十二个五年规划纲要》，与农业生产、城乡建设、区域发展、产业发展、农村文化教育、卫生防疫、农田水利建设、流域水资源综合开发、水土保持、生态建设、林地保护利用、海域利用等相关规划和发展要求协调，统筹规划土地整治，在目标任务、规划布局、重点和时序等方面做了充分衔接，保障土地整治各项活动科学、有序进行，确保规划有效实施。

建设高标准基本农田 开创农业现代化新路

粮安天下，地肥粮丰。大力推进土地整治，加快建设高标准基本农田，提高旱涝保收高标准农田比重，是夯实国家粮食安全物质基础的有力举措。近年来，我国土地整治的重点和核心逐渐转向高标准基本农田建设。据统计，2001～2010 年间，全国建成高产稳产基本农田 2 亿多亩，其中，仅"十一五"期间就建成 1.6 亿亩，新（修）建沟渠 171 万千米、田间道路 120 万千米、机井 25.3 万眼、泵站 15.5 万座。在建设高标准基本农田过程中，一些地方按照现代农业规模生产要求，归并零散地块并且鼓励农田向种田能手和农业企业集中，为农业规模化、产业化和集约化经营创造了条件。此外，高标准基本农田建设还降低了农业综合生产成本，增加了当地农民劳务收入，从而拓宽了农民增收渠道；改善了农村基础设施条件，美化了农村景观风貌，促进了和谐宜居农村建设。正因如此，2011 年，国务院明确提出要"加快建设高标准基本农田，力争'十二五'期间再建成 4 亿亩旱涝保收的高标准基本农田"；2011 年 8 月 23 日，胡锦涛总书记在中央政治局第 31 次集体学习会上着重强调要"大规模建设旱涝保收高标准农田，夯实农业现代化基础"。

为落实好再建成 4 亿亩高标准基本农田这项硬任务，服务农业现代化发展，在推进农村土地综合整治的同时，切实抓好高标准基本农田建设的几个关键问题。

一、"集中布局"——高标准基本农田建设应由"小斑块"变为"大板块"

随着中国城市化、工业化道路的日益加速，大量优质耕地被占用，未来的耕地布局也处于深度的调整之中，中国的粮食生产布局也发生了重大变化，这将对我国粮食生产能力产生深远影响。未来中国粮食生产应根据这种粮食布局调整趋势和规划要求，突出地方农业特色，突出产业竞争优势，立足各地农业资源、市场需求和生态环境的基本情况，划定重点区域重点建设。

（一）统筹区域高标准基本农田建设

落实区域发展总体战略，实施差别化高标准基本农田建设要求。如东北平原区应以大规模建设旱涝保收高标准基本农田，积极推行规模化、机械化粮食生产基地建设为主；长江中下游平原区和华南丘陵平原区应以加强污染农田治理，改善基本农田环境为主；云贵高原区应将农田整治与陡坡退耕还林政策有效结合，以加强山地丘陵区坡改梯为主；黄土高原区应结合小流域综合治理和风沙防治综合治理，重点加强农田水利建设，提高粮食综合生产能力。

（二）科学圈定高标准基本农田

《全国土地整治规划（2011～2015 年）》提出将在未来五年内建设成5000 片万亩以上集中连片基本农田，依据区域自然资源禀赋、产业基础和发展潜力，依托土地整治规划确定的土地整治重点区域及重大工程、基本农田整理重点县内形成一批标准化基本农田和综合生产能力较强的粮食生产基地，构建高标准基本农田建设基本格局。

（三）合理集聚高标准基本农田

通过高标准基本农田建设，逐渐归并"小斑块"基本农田为"大板块"基本农田，促使基本农田向"优质、集中、连片"的集聚方向发展。项目区农田形成"田成方、林成网、路相通、渠相连、土肥沃、水畅流、旱能灌、涝能排、渍能降"的标准化格局，使农业基本生产条件和生态环境明显改善，抵御自然灾害能力明显增强，土地利用率和产出率明显提高。

二、设立"硬杠杠"——构建高标准基本农田管理硬件

（一）实现高标准基本农田建设的标准化

高标准基本农田建设内容主要包括土地平整、灌溉与排水、田间道路、农田防护与生态环境保持及其他共五项工程。通过高标准基本农田建设，实现每个耕作田块直接临渠（管）、临沟、临路，保证每个耕作区与农村居民点相连。严格落实《高标准基本农田建设规范（试行）》，各项目区配合现有的大中型病险水库除险加固，大型泵站、大型灌区改造等工程建设，采用工程、生物、农业科技等措施，分年度重点开展田间渠道工程、小型水源工程、小型排灌泵站和中低产田改造、土地整理、土壤改良和路网、林网及农业科技服务体系等项目建设，使项目区基本农田逐步实现标准化。

（二）实现高标准基本农田管理的规范化

通过将4亿亩高标准基本农田建设任务层层分解下达"落地"，明确不同区域的建设定位、主导方向、时序和任务，建立高标准基本农田建设区的信息档案，统一标识、统一保护，争取建设一片、稳定一片、成效一片，使其成为可检索、可定位的永久高标准基本农田。

（三）实现高标准基本农田使用的科学化

通过高标准基本农田建设，推进土地平整工程，合理确定田块规模，规整田块，充分满足农业机械作业条件；完善田间道路系统，优化田间道、生产路布局，提高道路的荷载标准和通达度。加强农田灌溉与排水工程建设，提高耕地灌溉面积比例和渠系水利用系数，增强农田防洪排涝能力等，

为"高产创建"提供支撑。高标准基本农田在使用上要用养结合，与"高产创建"相结合，确保实现高标准基本农田上获高产。

三、实现"软约束"——搭建高标准基本农田管理软件

（一）要建立"一把手"抓"头等事"的机制

明确县级以上人民政府的责任主体，建立"一把手"负责制，将高标准基本农田建设工作纳入当地经济社会发展年度计划，作为政府领导任期目标责任制的一项重要内容，并由上一级人民政府负责监督实施。

（二）要建立"一把手"抓"一把手"的机制

建立部门会商机制，及时研究解决规划实施过程中出现的问题。农业、计划、财政、交通、国土资源、水利、林业、农业综合开发、扶贫及其他相关部门和单位，要加强配合、形成合力，充分发挥职能作用，共同推动规划的实施。

（三）要建立主渠道带相关渠道的机制

以土地整治专项资金为引导，聚合相关涉农资金，集中投入，引导和规范社会力量参与，形成高标准基本农田建设基金，确立项目建设资金保障。

（四）要坚持"为了谁，依靠谁"的原则

坚持农民主体地位，充分尊重农民意愿，维护土地权利人合法权益，建设并出台高标准基本农田建设"以奖代补"办法，鼓励农民采取多种形式参与高标准基本农田建设工程。

开辟整治新空间　打造节地新支点

当前，我国土地利用效率低下，在一定程度上加剧了建设用地供需矛盾。农村居民点散、乱、空现象比较普遍，土地浪费严重，全国农村居民点用地达 2.77 亿亩，农村人口人均居民点用地为 259 平方米，超过现行人均 150 平方米的国家标准最高限。城镇工矿建设用地"摊大饼"式蔓延扩张，土地低效利用和闲置问题仍然存在，而加快推进城镇化、工业化对节约集约用地提出了更高要求。据统计，目前全国农村建设用地可整治规模约为 1.2 亿亩，城镇工矿建设用地可整治规模约为 750 万亩，全国土地具有相当的节约集约利用潜力。

发挥土地整治提升土地利用效率的抓手作用，使《全国土地整治规划（2011～2015 年）》（以下简称《规划》）成为节约集约用地的重大举措的时机已经成熟。本轮规划在继续高举粮食安全大旗的基础上，体现了鲜明的节约集约利用土地的意识。《规划》提出，要落实最严格的节约用地制度，按照建设资源节约型社会和推进社会主义新农村建设的要求，规范推进农村建设用地整治，积极开展城镇工矿建设用地整治，挖掘存量建设用地潜力，在保护生态环境的前提下，因地制宜地利用低丘缓坡进行工业和城镇建设，优化城乡用地结构与布局。

首先，在以往强调农村建设用地整治补充耕地数量的基础上，《规划》将农村建设用地整治的规范有序推进作为重要目标之一，提出以"空心村"整治和乡（镇）企业用地整治为重点，加强对散乱、废弃、闲置和低效利用农村建设用地的整治，挖掘土地利用潜力，提高土地利用效率，优化农村建设用地格局，并确定了规划期内整治农村建设用地 450 万亩的预期目标。在宏观层面上，《规划》将促进农村居民点的适度集中归并，重点发展中心村，稳妥撤并自然村，适时拆除"空心村"，形成等级职能结构协调有序、空间布局合理的农村居民点体系。微观层面上，《规划》将加强闲置和低效利用的农村建设用地的整治。村庄建设用地整治，要以"空心村"整治和"危旧房"改造为重点，全面提高农村建设用地利用效率。不仅要合理开发利用腾退宅基地、村内废弃地和闲置地，引导农民集中居住、产业集聚发展，还指出要严格划定农村居民点扩展边界，依法引导农村闲置宅基地在本集体经济组织成员之间合理流转，提高宅基地利用效率。

同时，《规划》提出以推进土地节约集约利用为出发点和落脚点，积极开展城镇工矿建设用地整治。将城镇工矿建设用地的整治纳入土地整治规划内容，这不仅是落实节约集约利用土地原则的重要举措，也是本轮规划的重要创新点。《规划》将重点加大旧城镇、"城中村"、旧厂矿改造力度，促使单位国内生产总值建设用地降低30%，降低经济增长对土地资源的过度消耗，并在保护和改善生态环境的前提下，充分利用荒山、荒坡进行城镇和工业建设，使土地节约集约利用水平显著提高。有条件的地区，比如珠三角、长三角、环渤海及其他高度城市化地区，应积极开展旧城镇改造，做好基础设施落后、人居环境恶劣、畸零细碎或与城镇功能定位不符区域的更新改造，挖掘用地潜力。同时，城镇建设用地整治过程中强化节地建设，积极推行节地型更新改造，控制生产用地，保障生活用地，增加生态用地。鼓励开发地上、地下空间，提高城镇综合承载能力，促进节约集约用地。此外，充分挖掘现有工矿用地潜力是促进土地节约集约利用的重要手段。要加强工业用地使用监管，严格落实闲置土地处置办法，防止土地闲置、低效利用和不合理利用；制定工业用地节约集约利用的激励政策，推广应用多层标准厂房，盘活土地资产，提高工业用地经济密度，实现从粗放型向集约型转变。此外，还要创新土地管理方式，通过复垦工矿废弃地并与建设用地挂钩，优化土地利用结构和布局，促进土地资源节约、合理和高效利用。

总之，《规划》已经由单纯强调保护耕地，走向了耕地保护、节约集约用地双措并举，这也是紧紧把握我国严峻的人地关系和深刻领会"三化"同步加快推进对土地整治新要求的必然选择。

助废弃土地"重生"　促资源永续利用

《全国土地整治规划（2011～2015 年)》（以下简称《规划》）对"十二五"期间土地复垦工作，从历史遗留损毁土地复垦、生产建设活动新损毁土地复垦和自然灾害损毁土地复垦工作三个方面做了全面部署，重点突出了损毁土地的调查评价、生态重建、监督监管、激励政策和复垦的布局安排。这是在新形势下实施资源节约优先战略，统筹经济社会发展与土地资源合理利用，促进耕地保护和节约集约利用土地，改善生态环境，保障土地可持续利用的重要途径。

一、强调对损毁土地的调查评价

《规划》要求以土地损毁前的特征与损毁的类型、程度和复垦的可行性作为土地复垦调查因素，对土地复垦现状进行全面调查，按照因地制宜、经济可行、综合利用、农业优先、确保安全的原则，进行土地复垦潜力评价，旨在全面摸清全国损毁土地资源的现状，为因地制宜恢复利用损毁土地，合理安排复垦土地的利用方向服务。

二、注重损毁土地复垦的生态重建

按照建设生态文明和环境友好型社会的要求，坚持"采前预防，采中治理，采后恢复"的原则，《规划》明确了生产建设活动损毁土地复垦生态重建的原则是土地复垦与生态恢复、景观建设和经济社会可持续发展相结合，复垦后景观与当地自然环境相协调。自然灾害损毁土地复垦生态重建的原则是结合生态农业发展和生态环境建设，因地制宜实施复垦。损毁土地复垦生态重建原则的明确，为指导土地复垦、构建复垦后稳定的土地生态系统指明了方向。

三、加强对土地复垦工作的监督监管

《规划》按照《土地复垦条例》的要求，实行土地复垦工作的全过程监督监管。对正在进行的生产建设活动新损毁土地的复垦要求做到三个结合：一是土地复垦方案和生产工艺、建设方案的编制相结合，二是土地复垦任务与生产建设计划同步结合，三是土地复垦费用与生产成本或者建设项目总投资相结合。从源头上切实做到"谁损毁，谁复垦"原则的落实。对土地复垦过程的监管，要求建立国家、地方和企业三级土地复垦动态监测体系，强调对土地复垦监管手段的建设，要求土地复垦日常监督监管要与国土资源"一张图"工程结合，对土地复垦情况进行监测、预报和预警，实现天上看、网上查、地上管的全天候监管体系。

四、建立土地复垦的激励机制

依据《土地复垦条例》等有关规定，《规划》进一步明确了调动土地复垦义务人、社会投资主体、土地权利人和地方政府等参与土地复垦的具体措施。一是土地复垦义务人在规定的期限内将生产建设活动损毁的耕地、林地、牧草地等农用地复垦恢复原状的，采用退还已经缴纳的耕地占用税措施激励土地复垦义务人积极开展土地复垦。二是社会投资主体复垦历史遗留损毁土地或者自然灾害损毁土地，属于无使用权人的国有土地的，可以确定给投资单位或者个人长期从事农业生产使用。三是土地权利人将历史遗留损毁土地或自然灾害损毁土地复垦为耕地的，可以给予一定的经济补贴。四是地方政府将历史遗留损毁土地或自然灾害损毁的建设用地复垦为耕地的，可以作为非农建设占用耕地时的补充耕地指标，或者将历史遗留的工矿废弃地及交通、水利等基础设施废弃地加以复垦，可以与新增建设用地相挂钩，盘活和合理调整建设用地。

五、突出土地复垦布局安排

为实现到 2015 年，历史遗留损毁土地复垦率达到35%以上，损毁土地复垦补充耕地 28.3 万公顷（425 万亩）的规划目标，《规划》划定了 10 个土地复垦重点区域，组织开展三项土地复垦重大工程，分别是煤矿基地土地复垦重大工程、"7918"高速公路和"四纵四横"高铁沿线土地复垦工程、"南水北调"水利工程沿线土地整治工程，通过三个土地复垦重大工程的实施，可补充耕地 408.75 万亩。

生态化整治　打造会"呼吸"的土地

《中华人民共和国国民经济和社会发展第十二个五年规划纲要》提出，在工业化、城镇化深入发展中同步推进农业现代化，推进农村环境综合整治，建设农民幸福生活的美好家园。建设旱涝保收高标准基本农田，加强土地生态环境整治，推进土地"数量、质量、生态"三位一体综合管理，改善农村人居环境，已成为国土资源部"十二五"时期的重大战略任务。《全国土地整治规划（2011～2015年)》（以下简称《规划》）围绕农用地整治、农村建设用地整治、城镇工矿用地整治、土地复垦和宜耕后备土地开发等主体内容，突出土地整治过程中景观生态建设的要求，体现了鲜明的生态环境的意识，对提高生态文明水平具有重要意义。

一、明确了不同区域土地整治方向

我国地域辽阔，区域差异大，生态系统类型多样。不同地区具有不同的生态功能，也存在着不同的生态环境问题。西北地区生态环境脆弱，土地沙化、盐碱化和土壤贫瘠化等引起的土地退化问题严重。西南地区生物多样性丰富，土地石漠化、地质灾害频发、生物多样性锐减等生态环境问题突出。东北地区黑土资源的保护是突出问题。中部地区植被破坏严重、洪涝灾害频繁、水质污染等问题严重。遵循《全国土地利用总体规划纲要（2006～2020年)》提出"构建国土生态安全体系，建设山川秀美的生态文明社会"的要求，《规划》以耕地面积增加、耕地质量提高、农村生产生活条件和生态环境明显改善为目标，统筹安排农用地整治、农村建设用地整治、城镇工矿用地整治、土地复垦和宜耕后备土地开发等活动。构建区域土地生态安全格局，强化生态核心区建设，保护和恢复自然山水格局，维护土地生态系统的整体性，提出了不同区域土地整治方向。

二、重点突出了耕地数量、质量、生态管护的理念

《规划》把增加数量、提高质量、改善环境、增加效率作为一个系统工程来建设。运用农用地的分等结果和耕地分布状况，有选择地确定了"十二五"期间十个农用地整治重点区域，主要分布在黄淮海农区、东北农区、长江中下游农区，主要任务是提高耕地质量、增加耕地数量、突出耕地集中连片集聚效益。同时，注重发挥不同区域条件下耕地生态功能的不同，生产条件较好的传统农区，加强耕地质量建设，强化耕地生产功能。城市近郊区，强化农田景观、生态和休闲功能，发展现代都市农业和休闲农业；生态脆弱区，以提升耕地生态功能为主，建成集水土保持、生态涵养、特色农产品生产于一体的生态型基本农田。

三、强调土地生态环境综合整治

一是加强绿色基础设施网络建设。以生物多样性保护生态网络建设为基础，构建集生态、景观、游憩、风貌和文化于一体的绿色基础设施网络。加强土地生态环境网络核心区建设，减少景观的破碎化，合理引导农业结构调整，加强园地、林地和牧草地的综合整治。二是加强农田防护与生态环境建设。重点加强生态功能区保护和管理，增强涵养水源、保持水土、防风固沙的能力，保护生物多样性。《规划》对农田防护林网、保护性耕作措施等提出了明确的数量指标。三是重视坡耕地水土保持工程建设。大搞小型农田水利建设，加强"五小水利"工程建设。注重因地制宜，采取不同的沟渠、坡岸建设模式。强化生态景观缓冲带建设，在控制水土流失、面源污染等方面提供有效生态服务。四是积极推进土地生态环境整治示范工程建设。

四、注重人文景观特色的保护

《规划》分别对农用地和建设用地整治前、整治中和整治后如何注重

人文景观特色的保护提出了具体要求。农用地整治过程始终要注重当地传统农耕文化的延续。建设用地整治前要充分认识地域文化和特色村庄；整治中要始终坚持维持历史文脉的延续，强调人文景观及其周边环境的有效性和完整性，保持文化遗产的原真性；整治后要保护自然和人文景观及生态环境，妥善保护具有历史文化和景观价值的住宅和村庄等。

加快重大工程建设　启动土地整治"引擎"

《全国土地整治规划（2011～2015年）》（以下简称《规划》）提出通过土地整治落实耕地保护任务、提高土地集约利用水平、优化城乡用地布局、推动现代农业发展、促进新农村建设和城乡统筹发展。"十二五"期间将推动实施八项土地整治重大工程。《规划》设置土地整治重大工程的根本目的是要有重点、有计划地推进土地整治活动，引导全国土地整治工作，对实施《规划》起到支撑作用，确保《规划》确定的土地整治目标的落实。

一、确定土地整治重大工程的基本思路

《规划》确定土地整治重大工程主要考虑以下因素：一是与国家和区域重大发展战略，与全国主体功能区规划、土地利用总体规划、城镇体系规划、交通规划、大江大河流域的防洪规划、水土保持规划等相衔接；二是落实《全国土地利用总体规划纲要（2006—2020年）》，并与上一轮土地开发整理规划相衔接；三是解决土地利用中的重大问题，如粮食主产区和基本农田集中区耕地保护、采矿区土地复垦、重要水土流失地区土地生态建设等重大土地利用问题。

二、实施土地整治重大工程的效益

新一轮规划在上一轮规划确定的六项土地整治工程基础上新增加两项，共八项。延续的六项土地整治工程。一是粮食主产区基本农田整治工程，主要从保障国家粮食安全出发，以粮食主产省为主体，结合基本农田建设、水利工程建设，提高粮食主产区粮食综合生产能力；二是西部生态建设地

区农田整治工程，主要从保障生态建设地区人均一亩口粮田出发，结合西部地区生态环境建设，围绕农田综合整治，提高农田综合生产能力；三是重点煤炭基地土地复垦工程，因为煤炭资源在我国分布量大面广，历史遗留损毁土地面广、量大，以历史遗留损毁土地复垦为重点，结合重点矿区生态环境恢复治理设立的土地复垦工程；四是"7918"高速公路和"四纵四横"高铁沿线土地复垦工程"、"南水北调水利工程沿线土地整治工程"，主要为解决因交通干线建设、输水主干线和水利枢纽工程建设引发的沿线土地利用问题；五是新疆伊犁河谷地土地开发工程，主要用于储备国家耕地资源，是延续性工程。新增加的两项，一是战略后备区集中补充耕地重大工程，主要从保障国家粮食安全角度出发，确保耕地面积稳定、保障国家重大基础设施建设工程实现耕地占补平衡；二是城乡统筹区域农村建设用地整治示范工程，以《全国主体功能区规划》确定的国家优化开发区和重点开发区为基础，通过优化城乡用地布局结构，促进耕地保护、节约集约用地、新农村建设和城乡统筹发展。

三、各级土地整治规划如何承接全国土地整治重大工程

省级土地整治规划在调查评价的基础上，结合区域土地整治方向和生态环境建设，将土地整治潜力较大、集中连片的区域，分类型确定土地整治重点区域和省级土地整治重点工程，省级土地整治重点工程要与全国土地整治重大工程相衔接。市级土地整治规划在综合考虑土地整理潜力、整治模式和措施的基础上，提出土地整治分区，确定土地整治重点项目，市级土地整治重点项目要与省级土地整治重点工程相衔接。县级土地整治规划在调查评价、潜力分析、社会经济条件分析的基础上，确定土地整治项目。

四、省级土地整治重大工程项目与全国土地整治重大工程的关系

省级土地整治重大工程项目是以围绕规划确定的土地整治任务，落实

重点区域内大规模耕地整治、大面积节水增地、大幅度提高基本农田产能为目的的土地整治项目。重大工程项目是实施重大工程的中观载体，一般基于土地整治重点区域和重大工程，以完成规划确定的目标和任务为目的，对国家重大工程实施有重要支撑作用，并在规划期内落实。

"制度＋激励"：为规划实施保驾护航

《全国土地整治规划（2011～2015年）》（以下简称《规划》）提出了保障规划实施的各项措施。这些措施突出了机制创新和激励约束，包括充分发挥规划引导、计划管控的作用、加强规划实施的公众参与、严格土地整治资金管理，严格土地整治监管、加强规划实施的基础建设、探索建立土地整治经济激励机制等。

一、强化规划引导、计划管控

一是强调《规划》是规范指导土地整治活动的纲领性文件，土地整治的立项审批、城乡建设用地增减挂钩试点和各类土地整治活动必须符合土地整治规划。二是提出要加强土地整治计划管理。国土资源部每年以高标准基本农田建设为重点，制定和分解下达各省（自治区、直辖市）年度计划。各省（自治区、直辖市）制定高标准基本农田建设年度实施方案，层层分解落实国家下达的年度计划，按照先易后难、分类推进原则，落实年度任务。三是要求各级政府要加强组织领导，切实发挥统筹规划、整合资金、整体推进的作用。以职责分工为基础，建立"党委领导、政府负责、国土搭台、部门联动、农民主体、社会参与"的工作机制，落实土地整治共同责任。四是完善规划体系。要求县级以上地方人民政府组织编制和实施本区域土地整治规划，按照下级规划服从上级规划的原则，落实规划确定的各项目标和任务，形成全国、省、市、县四级土地整治规划体系。五是凸显规划的权威性和严肃性。经批准的规划，必须严格执行，杜绝随意修改、变更，切实维护规划的权威性和严肃性。加强规划实施监测监管和考核评价，将土地整治目标任务完成情况作为考核评价地方政府土地管理工作绩效的重要内容。

二、加强规划实施的公众参与

一是改进规划工作方式。编制规划要坚持政府组织、专家领衔、部门合作、公众参与、科学决策的工作方针，切实提高规划决策水平。二是切实维护土地权利人合法权益。加强土地权属管理，明晰土地权利。把维护农民和农村集体经济组织的主体地位放在首位，按照以人为本、依法推进的要求，保障农民的知情权、参与权和受益权，切实做到整治前农民自愿、整治中农民参与、整治后农民满意。三是推行信息公开制度。将土地整治规划及其调整、项目实施、竣工验收等信息及时向社会公众公开，提高规划实施的透明度，实行土地整治"阳光操作"。四是加大土地整治宣传力度，提高全社会对规划的认识程度，增强群众对规划实施的支持和参与程度。

三、严格土地整治资金管理，有效聚合资金

目前，我国土地整治资金主要来源于新增建设用地土地有偿使用费、用于农业土地开发的土地出让收入、耕地开垦费和土地复垦费。同时，其他相关部门的涉农资金也在大量投入土地开发、农村基础设施建设领域，如交通部门的农村道路基础设施建设资金、水利部门的农田水利建设资金、农业综合开发部门的专项资金等。为做好规划实施的资金保障，《规划》明确提出有关要求：一是收足、用好、管住各项土地整治资金；二是充分利用土地整治平台，以土地整治资金为主体，引导和聚合相关涉农资金，实行专账管理，统筹集中使用，充分发挥资金使用的综合效益；三是积极鼓励、支持和引导社会投资参与土地整治。加强对地方土地整治工作中投融资的管理，防范可能出现的财政、信贷风险。

四、严格土地整治实施监管

加强监管是确保土地整治取得实效的重要手段和根本保证。一是按照"集中统一，全程全面"的监管要求，统筹新增费稽查、专项检查、绩效考

核与评估等工作，实现监管全覆盖，促进监管工作制度化、常态化、现代化。依据"一张图"工程和土地整治监测监管系统，构建"天上看、网上管、地上查"的监管体系。二是加强中央对重大工程和示范建设实施的监管力度，建立中央与地方联合管理重大工程和示范建设机制，建立重大工程和示范建设实施评估监测制度，加强重大工程和示范建设实施的技术保障。

五、探索建立土地整治经济激励机制

一是建立农田整治的经济激励机制。加大财政转移支付力度，对新增费结余较多的东部沿海地区要根据新增费结余额度适当增加建设任务，对资金保障能力较弱的中西部地区及粮食主产区适当加大中央资金支持力度。构建区域补偿机制，探索建立耕地保护经济补偿机制，加大对基本农田保护和补充耕地重点地区的支持力度，完善基本农田整治工程后续管护制度。探索实行"以补代投、以补促建、先建后补"的整治模式，鼓励农村集体经济组织和农民依据土地整治规划开展土地整治。二是鼓励挖掘存量建设用地潜力，鼓励各类企业在符合规划、不改变用途的前提下提高土地利用率，促进土地深度开发，促进经济发展方式转型。三是探索土地整治市场化机制。按照"谁投资，谁受益"原则引导鼓励社会资金参与，支持各地探索创新土地整治投融资机制，以及研究国家对土地整治投资贴息贷款政策等。形成以政府资金为主导，吸引社会资金投入的土地整治资金保障体系，推进土地整治产业化。

六、加强土地整治规划实施的基础建设

加快土地整治法制建设步伐，为土地整治事业的长远发展保驾护航。健全土地整治技术标准体系，推进土地整治规划管理信息化建设，提升土地整治科技支撑能力。加强土地整治机构和队伍建设，转变各级土地整治机构职能，加强从业人员业务培训，提升队伍素质和能力。加强廉政建设和市场管理，规范中介服务机构和施工队伍管理，严格执行招投标制度。

土地整治：一切为了农民的利益

众所周知，土地整治是一项利国利民、利城利乡、利工利农的千秋功业。然而，要让土地整治成为真正的民生工程、民心工程、德政工程，充分发挥其综合效益，必须将保障农民合法权益作为该项工作的出发点和落脚点。《全国土地整治规划（2011～2015年）》（以下简称《规划》）始终把维护农民和农村集体经济组织的主体地位放在首位，按照以人为本、依法推进的要求，保障农民的知情权、参与权和受益权，切实做到整治前农民自愿、整治中农民参与、整治后农民满意，确保把土地整治这件好事做好。

一、《规划》符合农民改善生产生活条件的美好愿望

一是农用地整治以改善农业生产条件为重点。按照"田成方、树成行、路相通、渠相连、旱能灌、涝能排"的标准，加强农田基础设施建设。合理引导农业结构调整，提高其他农用地利用效率。二是农村建设用地整治以改善农村生产生活条件为目标。在充分尊重农民意愿的前提下，调整优化农村居民点用地布局，逐步推行分散农村居民点的适度集中归并；合理安排村庄、产业建设用地，为农民创业和就近就业提供良好外部环境；通过整治腾出的建设用地，首先要满足项目区内农民建房、基础设施建设、公共服务设施配套和非农产业发展、自然生态恢复用地需要。三是土地生态环境综合整治以改善农村生态环境为目的。坚持保护优先、自然恢复为主，加强退化土地生态环境建设和生态功能区保护，针对水土流失、土地沙化、土地盐碱化、土壤污染、土地生态服务功能衰退和生物多样性损失严重的区域，结合退耕还林、退牧还草，治理水土流失，推进土地生态环

境综合整治。

二、《规划》实施注重调动农民群众积极主动性

一是建立健全听证制度，在土地整治规划编制、土地整治项目设计与工程建设中要举行听证、论证，充分听取当地农村基层组织和农民的意见。二是完善土地整治实施方式，发挥农民主体作用，维护农民权益，促进社会和谐。逐步建立健全农民参与机制，在土地整治规划编制与实施、项目规划设计过程中要充分征询农民意见，确保农民的知情权和参与权，农民不愿意的项目不得实施。三是加强土地权属管理，明晰土地权利，切实维护土地权利人合法权益。

三、土地整治收益分配注意保障农民群众的合法权益

一是探索实行"以补代投、以补促建、先建后补"的整治模式，鼓励农民依据土地整治规划开展高标准基本农田建设。二是《规划》要求，制定收益返还管理办法，明确收益主体，规范收益用途，确保城乡建设用地增减挂钩所获土地增值收益及时全部返还农村，用于支持农业、农村发展和农民生活条件改善，切实做到农民自愿、自主、自治。三是引导农民参与土地整治项目施工，直接增加农民的劳务收入，保障农民受益权。

科技创新：引领土地整治实现新跨越

《全国土地整治规划（2011～2015年)》（以下简称《规划》）提出了"十二五"时期我国土地整治事业发展的总体思路、发展目标和战略部署，规划主题鲜明、主线突出；同时，《规划》更加鲜明地突出了科技创新在规划编制及实施中的地位，并将提升土地整治科技支撑能力作为规划实施的重要保障。

土地整治面临的新形势、新任务，需要土地整治科技工作做新的探索。"十二五"时期是深化改革开放、加快转变经济发展方式的攻坚时期，深刻把握工业化、城镇化、农业现代化同步加快推进对土地管理和利用的新要求。这给土地整治工作提出了更高要求，无论是大规模建设旱涝保收高标准基本农田，还是城镇工矿建设用地整治，以及推进土地整治信息化建设，都是土地整治规划的新内容，土地整治科技发展必须加快，满足时代发展对土地整治的要求。

一系列重大科技成果的相继完成，为本轮土地整治规划编制提供了重要的技术支撑。一是第二次全国土地调查全面完成，摸清了土地资源的家底，为土地整治规划编制提供了基础数据支撑。二是全国农用地分等定级成果全面完成，摸清了我国耕地质量等级与分布状况，为实现耕地数量、质量并重管理奠定了坚实的基础。三是土地质量地球化学评估取得重要进展，完成了160多万平方公里的调查评估，为实现粮食及其他农产品安全、健康生产提供了重要依据。这三项重大科技成果对提高本轮土地整治规划的科学性和可操作性具有重要的意义。

因此，《规划》提出要加强土地整治理论、方法和技术手段研究。应鼓励原始创新，突出集成创新，加强高标准基本农田建设、村庄整治、土地复垦与监管、生态友好型土地整治模式等领域关键技术的创新和集成应用，完善土地整治标准体系。探索建立有利于科技创新的环境和氛围，建立以国家和各级政府投入为主，多元化、多渠道的土地科技投入体系，组织实施一批土地整治重大科技专项，开展技术集成与应用示范攻关。此外，大力加强土地整治科技创新基础条件及平台建设，改善科研条件，促进资源共享，建设国家土地整治科研实验基地，建立土地整治国际合作交流平台。鼓励并支持地方建设多种形式的开放实验室、研究中心等科研平台，强化基础平台运行和管理的投入保障。

《规划》突出了土地整治的信息化管理。随着信息化时代的到来，伴随着国土资源"一张图"的建设，土地整治项目的信息化管理凸显其重要性。全面准确掌握土地整治信息，提高决策的科学化水平，需要加快以信息技术为代表的高新技术在土地整治工作中的应用。《规划》提出，要依托国土资源监管系统，建立土地整治规划数据库，建立并完善土地整治项目报备系统，结合国土资源"一张图"工程，建设土地整治监管平台，实现土地整治项目全面、全程信息化监督管理，对土地整治情况进行监测、预报和预警，提高监管质量和效率。

此外，提高土地整治从业人员的专业技术能力和科学素养，是加强土地整治队伍建设的重要内容。加强土地整治专业教育，健全土地整治从业人员上岗认证和机构资质认证制度，切实提高土地整治管理和技术人才的专业素质，增强土地整治队伍对各项业务工作的认知和理解，提高土地整治队伍执行力。同时，加强科学研究领军型人才、应用型人才、管理型人才的培养，积极探索以重点学科、创新平台、重点科研基地为依托，以学科带头人为核心，围绕重大项目凝聚学术队伍的人才组织模式，着重培养一批专门服务于土地整治工作的高端科技人才及管理人才。

《规划》的出台，把科技支撑置于土地整治事业发展的重要位置。进一步深化科技体制改革，加大投入，加强科技队伍和科技基础设施建设，突破土地整治基础研究和前沿技术，提高科技创新解决土地整治重大问题的能力，实现土地整治工作的现代化，保障土地整治事业的科学发展。

做好整治规划　传承"乡土中国"

　　广大农村地区由于受到特定人文环境和地理条件的影响，历经千百年发展演变后，无论是村落用地布局、乡土建筑形式、土地利用习俗，还是农田景观、乡村植被、宗祠寺庙等均呈现丰富多彩的形态，既反映出不同地区人们生产生活、社会文化发展状况，也凝聚着丰厚的地域人文精神和宝贵的历史文化价值。正因如此，有学者认为土地是有生命的，村落是大地景观的重要组成部分，积淀了许多的历史、文化和乡土民俗，特别是传统的乡村聚落更是人类长期居住凝结出的文化精华，而每个地区独特的地域环境也导致这个地区的传统乡村聚落具有与众不同的空间形态与文化特质。

　　但是，改革开放以来，特别是近年来，随着人口压力增大、环境污染加重、生活方式改变、民俗民风缺失等以及由其导致的农村土地利用变化，使得农村聚落、乡土风貌和文化景观受到极大破坏。一些地方在进行新农村建设时丢弃了传统文化的合理部分，忽视了当地的资源环境特色，造成农村建设对城市建设的拙劣摹仿，破坏了农村人与自然的宁静和谐之美，也使得传统民族文化内涵淹没在追求物质表象的庸俗潮流之中，原有的村庄乡土气息消失殆尽、"求新求洋"和"千村一面"现象屡见不鲜，宝贵的乡土文化资源日渐萎缩，一些农村地区已经绵延几千年的文脉也面临着被割断的危险。古村落的保护实际上属于工业化、城镇化过程中对于物质遗产、非物质遗产和文化传统的保护。

　　随着我国进入全面建设小康社会的关键时期，丰富的精神文化生活日益成为人们的热切愿望，2011年党的十七届六中全会更是明确提出了建设"文化强国"的长远战略。在此背景下，历经岁月磨砺和时间检验的乡土文化作为中华民族的精神瑰宝将扮演更加重要的角色。在土地整治过程中加强乡土文化保护不仅是社会主义文化建设的客观要求，也是促进新农村建设和中国特色农业现代化建设的内涵更加丰富、底蕴更加深厚的必然要求。鉴于此，《全国土地整治规划（2011～2015年）》（以下简称《规划》）编制过程中，按照《国务院关于严格规范城乡建设用地增减挂钩试点切实做好农村土地整治工作的通知》（国发〔2010〕47号）及有关文件的相关要求，增加了保持农村风貌和当地特色等乡土文化的内容和要求，藉此希望能有助于乡土文化的传承和保护。为达此目的，《规划》着力从提高人们的认识水平、加强村庄的整体设计和强化政策的统筹考虑等方面入手，通过科学编制和严格实施，切实促进乡土文化的保护和传承。

一、提高农村土地整治工作认识程度

农村土地整治不仅整治农田和村舍，而且配套建设农村公共设施，使道路、水电、通讯、绿化、卫生、文化等公共设施得到根本改观，提升农村基本公共服务水平，使广大农民群众分享现代文明成果。在此过程中，必须使人们认识到结合农村土地整治所进行的新农村建设并非是"农村城镇化"，更不是要将传统农村地区改造为现代城镇地区。因此，农村土地整治过程中的旧村改造和新居建设，不能全盘否定农村传统因素，而必须尊重农村特色，尽可能保留传统的农耕文化和民风民俗中的积极元素，努力建设与城镇同样便利但风貌有别的现代农村。为此，我们在开展《规划》编制时，有意识地加强了乡土文化研究，以发挥文化的积极引导作用，特别是以从传统实践中提炼出的积极因素来指导当前的农村人居环境建设；此外，要求在进行土地整治项目社会影响评价时，增加对乡土文化的影响和后果分析，而这一做法也将使得农村土地整治更加科学合理。

二、因地制宜做好村庄整治整体设计

《规划》的编制过程对村庄整治进行了全面考虑，并且提出了原则要求，例如要加强村庄整体风貌设计，注重村庄人文环境、建筑环境和艺术环境的统一规划，实现自然环境和人文环境的和谐统一；要加强地方特色建筑保护，保持原有景观特征，避免大规模拆旧建新对古村历史风貌造成的不利影响，并且加强特色村庄保护，控制周边建筑类型、高度、风格和色彩，使之与旧址建筑相协调；要合理安排农村基础设施建设，特别是道路建设要尽量使用当地的材料和工艺，以体现当地文化特色；要留置传统文化景观用地并确定为禁建区，以整体保护人文历史景观，以及保留原有乡土、民俗和休闲用地。

三、加强政策研究确保整治规划实施

为确保《规划》能切实促进乡土文化传承，在编制过程中针对当前政策配套滞后、资金缺口较大和群众参与不够等问题进行了统筹考虑，并且提出了相应的对策建议。例如，要积极探索建设有利于乡土文化保护的土地政策，特别是要妥善解决历史民居保护与改善居民居住条件的矛盾，合理安排一定的新村建设用地，将新申请宅基地的农民逐步安排到新村，并对老村进行统一规划治理和培育发展新经济增长点以促进农村经济发展，做到既保护文化遗产又改善居民生活条件；要进一步发挥农村土地整治的平台作用，引导和整合乡土文化保护方面的财政资金，形成政府投入持续加大、社会力量广泛参与的、规范的多元化资金投入机制，破解农村土地整治规划实施中乡土文化保护资金缺口，与此同时要引导当地农民自主自发投入，充分挖掘乡土文化所蕴含的经济价值，并利用获取的经济利润进行深层次的乡土文化保护与传承；要在农村土地整治过程中加大宣传教育力度，全面提升全民乡土文化保护意识，巩固农村土地整治保护乡土文化的群众基础等。

《全国土地整治规划（2011～2015 年）》明确耕地质量建设新举措

　　《全国土地整治规划（2011～2015 年）》（以下简称《规划》）是"十二五"时期指导全国土地整治工作的纲领性文件，是规范、有序开展土地整治工作的基本依据。与上一轮土地开发整理规划相比，本轮规划目标更综合、内容更全面，尤其在农用地整治方面，不再以补充耕地数量为主，而是更加突出了耕地质量建设和产能提升。

一、明确将提升耕地质量等级和产能的量化指标作为规划目标之一

　　规划目标的第一条就是"建设旱涝保收高标准基本农田 2666.7 万公顷（4 亿亩），经整治的基本农田质量平均提高 1 个等级，粮食亩产增加 100 公斤以上，粮食安全保障能力明显增强"。过去由于缺乏统一的、覆盖全国范围的耕地质量等级和产能信息基础作支撑，对于土地整治提升耕地质量和产能状况无法用量化的指标来衡量。因此，以往的相关法律法规以及上一轮规划对提升耕地质量只是作了定性规定，在执行中难以考核。当前，全国 31 个省（自治区、直辖市）的农用地分等工作已经完成，并且已经开始了新一轮更新调查评价，其成果数据和技术方法可以为土地整治前后耕地质量等级评定提供基础和依据。本轮规划首次将土地整治提升耕地质量等级和产能的量化指标作为规划目标之一，充分说明了土地整治已不仅是补充耕地的一种手段，更是提高耕地质量、提升耕地产能的有效途径。

二、突出以农田基础设施建设为重点的耕地质量建设

　　《规划》第四章第二节专门阐述了加强耕地质量建设的问题，其中以

大力加强农田基础设施建设为重点，要求严格农田整治工程标准，加大中、低质量等级耕地改造力度，对推进土地平整工程、完善田间道路系统、加强农田灌溉与排水工程建设等都提出了明确的要求和具体目标。农田基础设施建设是农田整治的主要内容，也是提升耕地产能的重要手段。加强农田基础设施建设，关键是要做到高标准设计、高标准投入、高标准实施、高标准管护和高标准利用，只有这样才能建设成适合现代农业生产的高标准农田，才能确保耕地产能的持续稳步提升。此外，《规划》还从加强农田防护与生态环境建设、积极开展坡耕地整治和特色农产品原产地土地整治等方面提出了加强耕地质量建设的具体措施。

三、提出以优化布局为核心的基本农田集中区建设与管理

《规划》强调，要优化基本农田布局，生产条件较好的传统农区要促进优质农田的集中连片，加强耕地质量建设，使之成为高产、稳产、高效、优质的农产品生产基地。从总体上看，目前，我国的基本农田分布呈现"细碎、分散、劣质"的状态，田块畸零不整，细碎化程度高；使用权分散，承包权插花；灌溉排水不良，交通不便，机械化程度低。这种状态严重制约了我国现代化农业的实现，不利于土地利用效率、劳动生产率和土地产出率的提高。优化基本农田布局必须要通过土地整治，使基本农田朝着"优质、集中、连片"的方向发展。这是实现基本农田永久保护的有效手段，是实施农业规模化经营、建立现代农业生产体系的重要基础，也是有效提升耕地产出能力的必然要求。

四、强化新增耕地质量建设与管理的要求

由于受耕地后备资源不足的影响，新增耕地往往自然条件较差，加上土壤熟化需要一定过程，所以短期内新增耕地质量普遍较低。而我国每年新增耕地规模约450万亩，新增耕地质量能否有效提升，直接影响到全国耕地质量总体水平的变化。因此，《规划》严格按照《国务院关于严格规

范城乡建设用地增减挂钩试点　切实做好农村土地整治工作的通知》（国发〔2010〕47号）要求，进一步作出明确规定依照耕地分等定级技术规范标准和补充耕地质量建设与管理规定，结合耕地质量等级监测结果，严格土地整治新增耕地质量的评价和验收，同时对后期地力培肥、土壤改良、监管利用、确权登记，以及耕地占补实现面积和产能"双平衡"等提出了更加具体明确的要求。这一系列要求既从技术层面提出了提升耕地地力和耕地产能的具体措施，又从管理层面强化了新增耕地质量验收和监管，这是全面加强耕地质量建设，确保耕地产能稳步提升的又一项重要举措。

土地整治拓新途　良田耕地变"美景"

《全国土地整治规划（2011～2015年)》与上一轮《全国土地开发整理规划（2001～2010年)》相比，更为强调"坚持土地整治与生态保护相统一"原则的重要性，对土地整治过程中的生态环境整治和生态景观功能提升部分的要求更加详实、明确，内容也更加丰富。

一、推进土地生态环境整治，改善乡村人居环境

《规划》在指导原则与目标任务一章中，进一步强调"坚持土地整治与生态保护相统一"的原则，此举既秉承了上一轮规划的要点，彰显了生态环境保护的重要地位，亦表明了国土资源部门对于遏制毁坏森林、陡坡开垦、乱垦草场和破坏天然湿地等行为的决心。《规划》还提出了"以合理利用和改善生态环境为目标，加快土地复垦"、"推进土地生态环境整治，不断提高生态环境质量"等目标，明确了土地生态环境整治的必要性。我国在城镇化、工业化、农业集约化快速发展的进程中，产生了一系列严重的土壤污染、水环境污染、生态系统功能退化、生物多样性下降、景观破碎化等生态环境问题。

在土地整治中，土地生态环境整治包括：①系统分析和诊断区域土地利用存在的生态环境问题和成因，有针对性地开展水土污染生态修复、退化和废弃土地的生态修复与改造、生物生境修复、土地生态系统生物关系与健康重建、水土生物过程与土地利用/景观格局关系重建，以及土地生态系统、生态服务功能恢复工作；②按土壤污染物的种类和程度，综合应用物理、化学、生物等多种土壤污染修复技术，开展工业区和废弃地土壤污染修复；因地制宜、合理利用污染和修复的土地，实现生态用地控制指标；

加强多功能绿色基础设施建设，防控土壤污染；③维护水系的自然稳定形态，加强水系和河道整治、疏通河道、生态修复河道，促进自然保护区和水源敏感区、河流、湖泊生态涵养公益林建设；④根据河道等级，推进乔、灌、草结合的缓冲带工程技术，控制面源污染；⑤加强水道、坑塘湿地的生态修复，利用生态工程技术清洁水体，提高水系的连通性，降低水体污染程度，营造高质量的生境斑块和自然化的亲水景观。

二、构建土地生态安全格局，实施差别化土地整治

《规划》在推进全域土地整治一节中明确提出应"构建区域土地生态安全格局，强化生态核心区建设，保护和恢复自然山水格局，维护土地生态系统整体性"。换言之，即构建土地生态安全格局不仅要从数量和质量上确保生产、建设和生态用地能满足区域功能定位和可持续发展要求，还应在现有土地利用总体规划和城乡空间布局的基础上，拓宽区域生态安全过程和存在问题的分析评价，通过土地整治，提高土地利用的多功能性。例如，城市边缘区的土地利用除了具备粮食、蔬菜生产功能外，还应考虑降低城市热岛效应、雨洪管理、增加地表水入渗、防治地面沉降、居民休闲娱乐等生态景观服务功能。具体来说，在土地整治战略规划中，不能仅仅着眼于能整理出多少耕地或建设用地上，还应制定出科学的水土污染控制、水土保持、地质灾害防治，生物多样性保护生态网络格局、极端气候雨洪管理、防灾避险、乡村休闲和游憩网络等专题规划，提出土地利用多功能性空间策略和土地整治任务，推进城乡一体化绿色基础设施建设，增强可持续发展能力和区域竞争力。

我国不同区域的社会经济发展和土地利用总体战略、生态环境建设和保护重点各有不同。为此，《规划》针对区域总体战略和主体功能区要求以及地域生态环境问题，提出"实施差别化土地整治"，包括"西部地区要推广生态型土地整治模式"；在生态环境脆弱区，"强化生态保护和修复"；在优化开发的城市化地区，"大规模开展基本农田整治，发挥农田的

生态景观功能，改善区域生态环境"；在重点开发的城市化地区，"大力推进田、水、路、林、村整合整治，保障农业和生态发展空间"；"重点生态功能区要以保护和修复生态环境为首要任务，保护生物多样性"。这些土地整治战略一方面要求充分意识和把握目标区域的"土地—生态—社会"耦合系统的未来发展趋势、不确定性和复杂性，做好不同层次土地整治规划的衔接和整合，发挥上一层次对下一层次的控制和战略指导作用，兼顾下一层次对上一层次的响应和反馈作用；另一方面，应加强农民参与性，充分挖掘农民对山水林田路、水土条件的了解和乡土知识，通过技术集成创新，研发具有区域特点的土地整治项目规划设计规范和生态景观化工程技术体系，有效推进区域化、差别化、生态景观化土地整治，实施科学的适应性、动态化土地整治管控。

三、优化基本农田多功能布局，提升耕地生态景观功能

《规划》在大力推进农用地整治一章中，提出"强化农田景观、生态和休闲功能"，"生态脆弱区，要以提升耕地生态功能为主"；在加强耕地质量建设方面，重点提出"加强农田防护与生态环境建设"。这些战略要求土地整治在理论认识和工程技术上都应有所提升和创新。

在理论认识上，首先，应从农用地生产性土地单元尺度提升到农业景观镶嵌体尺度，即围绕着不同利用方式的耕地及其周围沟路林渠基础设施、片林、树丛、坑塘等半自然生境要素之间的有机整合，展开农业景观尺度上的研究。科学研究表明，各要素有机整合总是会出现一些新的功能并形成整体功能，如增加动、植物天敌和控制病虫害，可提高土地生态系统的稳定性，实现高水平土地生产力的持续保持。其次，应充分认识农业生态景观服务功能的重要性，农业生态景观服务功能在一定程度上可以理解为耕地质量综合功能的体现，保护、重建和提升农业生态景观功能应成为土地整治中耕地多功能质量提升的最高目标。

具体而言，在土地整治中，①应重视农业景观层次的水土、污染物和

水盐运动过程、生物迁移的分析评价，在"源头"控制的基础上，根据水、土、气和生物过程的需要延缓、阻断、加速、过滤的特征，优化"田、水、路、林、村"景观格局，控制面源污染、水土流失、风蚀和保护生物多样性，提高农业景观生态系统稳定性和弹性，缓解灾害的影响，增强生态系统反馈作用，间接提高和持续保持土地生产能力；②要重视小林地、溪流、坑塘湿地、灌丛的保护和提升，构建顺应地形和地貌的土地利用格局，抑制田园景观均质化、同质化现象的蔓延趋势。在高标准基本农田建设中，应根据田块大小与规模效益和成本投入的关系，优化田块、沟路林渠、半自然生境构成的景观空间格局，顺应地形与地貌，实施精细化、生态景观化的高标准基本农田建设。应避免过度干扰地域景观格局，出现"耕地大连片，生态健康、连接和格局大破坏"的现象；③针对我国北方农田灌溉方式转变和因干旱导致的季节性渠道闲置、道路边坡裸露问题，以及南方排水渠缺乏健康的植被护岸和缓冲带等问题，开展沟渠路边坡综合治理，推进具有水土保持、生物多样性保护、面源污染控制、病虫害综合防治等多功能的边坡综合治理模式以及配套的技术研发、应用和示范活动的进行；④针对目前农田防护林及片林林分结构简单、树种单一且乡土物种比例少的群落配置模式，农田防护林与农田生境林地阻隔现象严重，植物篱防护应用比例小且配置模式单调，以及生态景观服务功能单一等问题，大力推进农田防护林体系（防护林、片林和植物篱）生态植被配置模式和提升技术研究；⑤在绿色基础设施规划框架下，着力推进游憩网络建设，促进森林公园、郊野公园、自然保护区、历史文化遗产等为主体的游憩核心区建设，重视乡村和农田的游憩价值，优化乡村道路和田间道路的生态景观建设，促进乡村旅游发展。

四、加强历史文化遗产保护，提升地域景观特征和风貌

《规划》针对我国乡村特色景观、乡村景观风貌受损严重，以及"千村一面"、"田园景观均质化"等现象，在推进农村建设用地整治和有序开

展城镇工矿建设用地整治章节中，明确提出应"加强乡村景观特色保护"，"加强历史文化保护"。这里需要特别指出的是，乡村景观不仅包括具有历史文化的建筑、聚落格局、历史遗迹以及具有特殊吸引力的自然和人文景观，也包括普通的、日常看到的、能够反映当地人与自然相互作用形成的沟路林渠、小溪、梯田、院落、石墙、篱笆、乡土植物群落、树丛等，这些景观要素是记载人类过去、表达希望和理想、识别、认同和归属的精神空间，亦是构成地域生产生态生活风貌、表现乡村景观特征的重要组成要素。因而，在"加强乡村景观特色保护"，"加强历史文化保护"的基础上，还应拓展土地整治在加强乡村景观建设方面的内容和目标，具体包括①土地整治应维护自然山水格局，保持山体、水系和地形地貌形成的景观格局特征，保护和恢复原生生物群落和生态系统，延续地域文化景观特征，实现"绿脉"、"文脉"的持续传承与发展；②开展景观特征评价，确定景观特征类型和区域，提出不同景观特征区域保护、恢复、提升和重建的技术和措施，运用丰富多彩的乡土植物，模拟自然群落的结构组成，营造季相变化丰富的植被景观，提升乡村风貌的景观多样性；③挖掘并保护历史文化遗产景观和廊道，提升现有自然景观文化和美学价值，强化非机动车绿色通道建设，提高游憩廊道和道路的多功能性及景观可达性，构建乡土景观体验网络，促进乡村旅游发展；④将乡村生态景观建设与自然保护区、森林公园、风景名胜区、地质公园等现有自然保护管理体系相结合，形成多样化的绿色开放空间和乡村休闲绿道。

创新土地整治空间体系
引领重大工程优化布局

　　《全国土地整治规划（2011～2015 年）》（以下简称《规划》）是在我国经济社会出现全面转型、土地整治内涵外延发生深刻转变的背景下编制完成的。《规划》突出了全域规划、精细设计、综合整治的理念，明确了土地整治在国家战略层面的地位，创新了土地整治空间布局与管控体系，构筑了引领土地重大工程区域布局与统筹城乡发展的平台基础。

一、确立了多尺度的土地整治规划空间体系

　　《规划》在空间布局上，集中表现为三个层次：①基于地带性差异格局的系统研究，将全国划分为东北地区、京津冀鲁区、晋豫区等九大区域，明确了不同区域的土地整治方向和重点，有利于推进差别化土地整治规划与战略；②遵循地区性差异规律，提出了面向推进形成东、中、西不同区域主体功能要求的土地整治方案、模式与途径，有利于促进土地整治规划与其他相关规划的协调与衔接；③通过开展总体分析和分区评价，确立了全国土地整治总体目标，并将任务细化分解到各省（自治区、直辖市），有利于科学指导省、地市级土地整治规划和落实土地整治重大工程项目。

二、构筑了区域土地整治重大工程支撑平台

　　围绕建设 4 亿亩旱涝保收高标准基本农田，补充耕地 2400 万亩目标，《规划》制定了相应的空间管控措施，凸显了规划的功能格局。①在全国层面划定了华北平原区、东北平原区、黄土高原区等十个农用地整治重点

区域，冀东煤炭钢铁基地、晋陕蒙煤炭化工基地、豫中煤炭基地等十个土地复垦重点区域，东部沿海滩涂区、河套银川平原、吉林西部地区等九个宜耕未利用地开发重点区域。②确定了粮食主产区基本农田整治工程、重点煤炭基地土地复垦工程、城乡统筹区域农村建设用地整治示范工程等八项土地整治重大工程，并明确了重大工程实施区域与备选区域。③强化了土地整治示范建设，在继续实施116个基本农田保护示范区建设的基础上，着力打造500个高标准基本农田建设示范县，新建5000处万亩连片的旱涝保收高标准基本农田保护示范区。《规划》以多层次、立体式的土地整治重大工程及示范建设，构筑全域土地整治新机制、新平台。

三、强化了与国家相关规划和战略的区域对接

新一轮土地整治规划在延伸上一轮规划确定的土地整治工程基础上新增加两项，注重发挥土地整治工程在国家重大区域战略中的地位和作用。①从保障国家粮食安全出发，结合基本农田建设、水利工程建设，着力推进"粮食主产区基本农田整治工程"；②从保障西部地区生态环境建设出发，重点围绕农田综合整治和提高农田综合生产能力，科学推进"西部生态建设地区农田整治工程"；③从确保我国耕地面积稳定、保障国家重大基础设施建设工程实现耕地占补平衡、规范推进城乡建设用地增减挂钩和农村土地整治政策出发，新增了"战略后备区集中补充耕地重大工程"和"城乡统筹区域农村建设用地整治示范工程"；④从适应全国主体功能区建设要求出发，针对优化开发与重点开发的城市化地区、农产品主产区、重点生态功能区等不同的区域开发方式和内容，分别提出了土地整治的方向和重点。

四、制定了分区域、差别化的土地整治战略

面向国家区域发展总体战略，注重着眼于东、中、西部土地资源禀赋与经济发展差异，确定符合实际的区域土地整治方向，实施差别化土地整

治。东部地区要积极开展城乡建设用地整治，优化城乡用地结构和布局，着力提高土地资源利用效率，化解土地资源瓶颈制约，积极探索土地整治新机制；中部地区要加强田、水、路、林、村综合整治，稳步提高粮食综合生产能力，巩固和提升全国重要粮食生产基地地位，保障科学发展用地需求；东北地区要大规模开展基本农田整治，切实保护好黑土地资源，建设稳固的国家粮食战略基地，加大资源枯竭地区土地复垦力度，积极开展旧工业区整治；西部地区要推广生态型土地整治模式，加强坡耕地整治，促进国土生态安全屏障建设。同时，贯彻党中央、国务院关于深入推进农村扶贫开发工作方针，提出加大对革命老区、民族地区、边疆地区、贫困地区土地整治扶持力度。

五、明确了省、市、县土地整治规划的目标任务

强化土地整治规划的"承上启下"功能。省级土地整治规划应结合区域土地整治方向和生态环境建设现状，重点将土地整治潜力较大、集中连片的区域，分类型确定土地整治重点区域，确定省级重点区域土地整治重点工程，是实施国家重大工程的中观载体。既要做好对全国《规划》制定的重大战略、规划目标、约束指标的具体落实，也要立足省（自治区、直辖市）实际，做好与土地利用总体规划、城乡发展规划的协调，以及对市、县两级土地整治规划的指导。通过健全全国、省、市、县四级土地整治规划体系，全面实施土地整治重大工程，科学引导城乡土地利用优化配置，系统优化区域土地利用功能和空间布局。

典型经验

DianXing JingYan

统筹谋划　创新机制
深入推进土地整治工作

湖北省人民政府

多年来，湖北省一直把土地整治作为确保国家粮食安全，促进全省经济社会科学发展的基础性工作来抓，围绕提高农业综合生产能力、推进社会主义新农村建设和统筹城乡发展，统筹谋划、创新机制，深入推进土地整治工作。2004～2011年，在国土资源部、财政部等国家有关部委的大力支持下，国家和省级累计投入282.7亿元，整治土地1607万亩，增加粮食产能10亿斤，涉及全省80%的乡镇，惠及农民千万人。通过土地整治，农业基础设施得到有效改善，农业综合生产能力明显提高，有力支撑了湖北省粮食产量"八连增"，促进了农业增效、农民增收和农村发展。土地整治工作已成为湖北省服务"三农"、促进"三化"协调发展的重要平台。湖北省的主要做法包括以下四部分。

一、着眼全局，统筹谋划土地综合整治

多年来，湖北省委、省政府高度重视土地整治工作，坚持"规划先行、集中投入、突出重点、综合治理"的原则，着眼全局，统筹谋划土地综合整治。

（一）注重顶层决策

湖北省委、省政府一贯注重将土地整治纳入全省经济社会发展的全局

进行谋划。2011 年 2 月，湖北省委、省政府出台了《关于加强农村土地整治工作的意见》（鄂发〔2011〕7 号），明确了土地整治工作的指导思想、建设目标、建设重点、政策制度和保障措施，为湖北省土地整治工作的发展提供了顶层决策。

（二）注重规划引导

2004 年以来，为规范和引导全省高产农田建设工作，湖北省先后制定了《湖北省粮食主产区标准化基本农田建设规划》和《湖北省"十一五"高产农田建设规划》。进入"十二五"时期，编制了《湖北省土地整治规划（2011～2020 年）》和《湖北省高标准基本农田建设规划（2011～2015 年）》。总体目标是，"十二五"期间建成高标准基本农田 2200 万亩，到 2030 年，全面完成湖北省基本农田整治任务。按照规划制订年度实施计划，全省"一盘棋"，有序推进土地整治。

（三）注重整体推进

依据规划，按水系、流域和区域整体推进土地整治。例如，在汉江流域部署实施了南水北调汉江沿线土地整理重大工程，在仙洪试验区、大别山试验区、鄂州市等地实施了整体推进农村土地整治示范工程，在 46 个粮食主产区实施了粮食产能建设土地整治工程，在丘陵山区实施了近 300 万亩低丘岗地改造工程。在项目实施中，注重整村整乡甚至整县推进，如鄂州市、咸宁市嘉鱼县已基本实现全域整治。

二、健全机制，落实土地整治共同责任

（一）建立共同责任机制

湖北省政府成立了土地整治工作领导小组，各市（州）、县（市、区）也相应成立了领导小组，领导小组成员单位包括国土资源、财政、农业、

水利、林业、监察、审计和招投标管理等部门。在政府统一领导下，各相关部门在土地整治规划、项目建设、资金聚合、监督管理等方面实现了责任明确，各部门相互配合，齐抓共管，共同推进土地整治工作。

（二）实行新增费省级统筹机制

2007 年以来，湖北省实行新增建设用地土地有偿费由省统筹，根据湖北省新农村建设重点和粮食产能建设的需要，统一安排省级投资土地整治项目。资金集中使用，项目统筹安排，实现了集中力量办大事，有力促进了湖北省委、省政府多个层面新农村建设战略的实施，有效保障了土地整治重大工程和示范建设配套资金的落实，全面推动了影响湖北省农业发展的基础设施薄弱问题的解决。

（三）建立共同投入机制

以县（市）政府为主导，国土资源、财政、农业、水利、交通、建设等部门密切协作，按照"各炒一盘菜，共办一桌席"的思路，采取"渠道不变、管理不乱、集中投入、各记其功"的办法，以土地整治项目为平台，将土地整理、农田水利、农业综合开发、通村公路、村庄建设和电网改造等涉农资金，集中投向项目区，发挥资金的聚集效应和放大效应。例如湖北省 2008 年设立仙洪试验区以来，仙桃、洪湖、监利三个市、县以土地整治项目投资 19 亿元为主体，聚合交通、财政、水利、电力、环境保护等十余个部门 10 亿元投入项目区，集中解决了多年来农民生产生活中的突出问题，项目区农村面貌发生了显著变化。

（四）完善激励机制

湖北省政府明确将土地整治纳入各级政府耕地保护责任目标考核内容。2012 年，湖北省委又将土地整治工作列入各级党政领导班子"三农"工作考核指标，考核内容包括项目实施、资金管理和廉政建设等，严格兑现奖惩。这些措施有效增强了各级政府的土地整治责任。2011 年以来，由于考核奖惩得力，土地整治建设进度明显加快，建设效益明显提高。

三、完善制度，强化土地整治监管

随着新农村建设和城乡统筹发展工作的深入，对土地整治的要求越来越高。针对不断变化的新情况、新问题，湖北省注重加强制度建设，以提高土地整治工作水平。

（一）改革项目管理体制

2006 年以后，国家和省级投资土地整治项目的审批和管理基本上集中在省级，这种机制逐渐难以适应土地整治事业的迅速发展。2010 年，湖北省对项目管理体制进行了改革，按照"抓两头，放中间"的思路，把项目实施管理权限放下去，将实施监管抓起来。省级部门主要抓好投资计划、立项审批和验收，市级部门负责可行性研究与规划设计编制审查、中介机构遴选、施工单位招投标等中间环节的管理，县级负责项目的工程实施。项目管理体制改革后，形成了省、市、县三级土地整治的整体合力，项目管理效能得到明显提高。

（二）完善管理办法和标准体系

湖北省政府于 2011 年颁布实施了《湖北省土地整治管理办法》，相关部门制定和完善了从项目选址到验收各个环节共 14 项管理规则、《湖北省土地整治项目规划设计规范》等两个规范和《湖北省土地整治专项工程施工质量检验标准》等三个地方标准，形成了较为完备的具有湖北特色的土地整治管理规范和标准体系。同时，以在线监测、"一张图"管理和项目信息备案为手段，加强对现有监管系统的整合和电子政务的建设力度，提高了土地整治信息化管理水平。通过完善政策法规和标准体系，湖北省土地整治已步入了制度化、法制化、标准化和信息化发展的轨道。

（三）建立土地整治廉政风险防控机制

为预防土地整治廉政风险，湖北省以建立健全预防和惩治腐败各项制度为重点，以制约和监督权力运行为中心，着力构建严密有效的土地整治工程廉政建设制度体系，不断提高土地整治廉政建设水平。2011 年，省纪委、监察厅、预防腐败局联合出台了《湖北省土地整治工程廉政风险防控暂行办法》，按照办法要求，各地系统排查了土地整治各个环节廉政风险点，建立了廉政风险防控体系。省、市、县三级已经建立了财政、审计和纪检监察共同监督的工作模式，形成监管合力，在源头上遏制腐败案件的发生，为打造土地整治"阳光工程"提供制度保障。

（四）发挥民力促监管

在项目选址和规划设计阶段，注意征求当地群众的意见，找准土地利用最突出的问题，把群众最迫切的要求作为规划设计的重点；在实施准备阶段，做好听证、论证及宣传工作，确保农民的知情权、参与权；在项目实施过程中，积极引导和鼓励群众参与项目建设与监管；在项目建成后，组织项目区农民参与工程质量验收，落实管护措施，切实发挥农民群众在土地整治中的主体作用，真正把项目建成民心工程、民管工程。

四、积极探索，创新项目建设模式

充分调动政府、企业、农民及社会各方的积极性，因地制宜地开展土地整治工作。各地在以国土资源部门为项目业主的基础上，不断探索适应不同地方、不同条件的建设模式。

（一）试行委托代建

土地整治项目涉及的乡镇和村组数量多，又直接关系众多农民的切身利益，在实施中协调难度大，必须依靠乡镇政府和村组干部开展项目实施的协调工作。黄石、十堰、鄂州、仙桃、天门等市在一些项目实施中，由国土资源部门与项目所在地乡镇签订委托代建协议，明确项目所在地乡镇政府为项目实施主体，充分发挥了乡镇政府的组织协调作用。委托代建减少了国土资源部门的协调压力，提高了项目的实施效能。

（二）鼓励农民自建

土地整治项目主要实行项目招投标与农民自建相结合。在国家和省级投资项目建设时，将坑塘清淤、农渠农沟维修等较为简单的工程，由业主单位与村集体组织签订建设协议，由村集体经济组织按照规划设计组织农民自行建设，部分完全由农民自建。将建设规模较小、技术要求不高的地方投资土地开发项目，交由村集体组织农民实施。土地整治项目由农民自行建设，增加了农民就业和劳动收入，充分调动了广大农民群众参与土地整治的积极性。

（三）引导社会参建

湖北省积极探索引进社会资金参与土地整治，借助社会力量推动项目实施。例如，钟祥市彭墩村、沙洋县王坪村、麻城市彭店村、嘉鱼县官桥村土地整治项目，就由政府、企业、社会共同出资建设完成，有力促进了当地新农村建设和农业产业化发展。

《全国土地整治规划（2011～2015年）》的颁布实施，为土地整治工作指明了方向。高标准基本农田建设工作的启动，标志着土地整治由数量建设全面迈向质量建设，对土地整治提出了新要求。我们一定结合实际，认真贯彻落实，在国家各有关部门的大力支持下，学习和借鉴其他省份的好经验、好做法，把高标准基本农田建设作为促进湖北省"三化"同步、"一元多层次"战略的重要措施，坚持不懈地抓紧抓好，确保圆满完成"十二五"期间全省建成2200万亩高标准基本农田的目标，努力推动湖北省土地整治工作再上新台阶。

统筹谋划　规模推进
以土地整治重大工程引领高标准农田建设

黑龙江省国土资源厅

　　黑龙江作为全国耕地第一大省和重要的商品粮输出基地，现有耕地面积近2亿亩。由于耕地总量大，中、低产田比例大，田间配套设施建设底子薄，耕地保护与建设的任务十分繁重。针对这一省情，从2008年开始，黑龙江省紧紧抓住国家实施土地整治重大工程的战略机遇，坚持"高起点谋划，规模化推进，高标准建设，规范化管理"的高标准农田建设新路子。五年来，黑龙江省累计投入资金101亿元，实施土地整治重大工程项目180个，建设高产稳产标准化农田近800万亩，新增耕地54万亩，年增产粮食38.73亿斤，直接为农民增收48亿元。

一、坚持高起点谋划，全力建设国家最大粮食生产基地

　　多年来，黑龙江省以占全国十分之一的耕地面积，生产出全国四分之一的商品粮，在确保国家粮食安全方面发挥了举足轻重的作用。"中华大粮仓，拜托黑龙江"，温家宝总理的深情嘱托，不仅对黑龙江省寄予厚望，更是对建造全国最大粮食基地的鞭策和鼓励。为此，在土地整治的规划布局上，黑龙江省重点突出东、西部两大平原的农业主产区，集中布设土地整治重大工程。一是在东部实施了三江平原土地整理国家级重大工程，集中打造现代化大农业示范区。2008年，黑龙江省三江平原东部地区土地整理项目被国家列为全国土地整理重大工程，计划五年内投入资金49.92亿

元，建设高标准农田 393.6 万亩，项目全部完成后可新增耕地 21 万亩，年增产粮食近 30 亿斤。二是在中西部松嫩平原实施了土地整治示范省建设，通过田、水、路、林、村综合整治，集中打造粮食旱涝保收高产区。2010年，黑龙江省被列入国家"整体推进农村土地整治示范省"，按照部省协议和规划安排，计划三年内投入资金 50 亿元，重点在黑龙江省嫩江、松花江和呼兰河三大流域的传统农业区，通过对田、水、路、林、村进行综合治理，整治土地 450 万亩，建设高标准基本农田 225 万亩，新增耕地 30 万亩，提高粮食产能 20 亿斤。上述东、西部两大工程，构成了黑龙江省土地整治工作布局的主体。在此基础上，为更好地完成国家下达给黑龙江省的 3200 万亩高标准基本农田建设任务，2011 年年下半年，黑龙江省又在哈尔滨周边地区，以综合性的土地整治重大工程为载体，规划了 250 万亩的高标准基本农田建设先导区，准备通过先创先建，为全省高标准基本农田建设摸索思路，提供经验。

二、坚持规模化推进，搭建现代化大农业发展平台

针对过去土地整理项目规模小、效益不明显的实际，从 2008 年开始，黑龙江省调整了项目建设的思路，充分依托本省耕地总量大且集中连片的优势，重点在粮食主产区和农垦地区安排集中连片的规模化大项目，为打造现代化大农业示范区创造条件。一是跨流域布设项目。重点依托松花江、嫩江、黑龙江等流域水利设施，打破区域和流域界限，集中连片推进土地平整，实施"旱田改水田"工程，建设"田成方、渠相通、路成网、旱能灌、涝能排、产出高"的高标准农田，极大地提高了农田抗旱、排涝、减灾能力。二是建设项目规模大。目前，已立项实施的 180 个土地整治重大工程子项目，单项工程规模平均由过去的几千亩提高到 4 万亩以上，最大连片规模超过 10 万亩，单项工程投资额由几百万元提高到 6000 万元以上。农垦建三江管理局二道河农场建成了全国单块面积最大（1.65 万亩）的超万亩大地块，为机械化和飞机航化作业提供了条件，成为我国现代化大农

业的示范田。

三、坚持高标准建设，全力打造土地整治样板工程

在土地整治项目建设内容的规划设计上，黑龙江省坚持因地制宜，突出重点的原则，重点实施了三种项目建设模式。

第一种模式：在农垦建三江地区实施了适应集约化经营、大机械作业的现代化农业示范项目。这一地区耕地占黑龙江省耕地总量的30.9%，地势平坦，集中连片，水资源丰富，农场分布集中，是全国主要的商品粮生产基地。黑龙江省充分利用这一有利条件，集中规划部署适宜大机械作业的项目。2008年，黑龙江省率先在三江平原东部粮食主产区的农垦三个农场，投资2.5亿元建设了三个核心区样板项目，不仅实现了基本农田建设质量高标准，还应用了水稻生产所需水土温度、风向风速、大气温度等适时监测和数据采集等现代农业高科技手段，打造了全国土地整治重大工程项目的样板。

第二种模式：在中西部粮食主产区实施了以完善田间配套设施为主的高产稳产田建设项目。这一地区是黑龙江省的传统农业区，土质肥沃，耕地面积占全省总量的49%，但农业基础设施落后，抵御自然灾害的能力差。因此，黑龙江省重点围绕增加有效耕地面积、增强高产稳产能力的目标，依托嫩江和松花江流域的14个灌区的水利骨干工程，以完善灌溉系统等田间配套设施为主要工程内容，对有条件的地块实施旱改水改造，使多年耕种的一般农田变成了旱涝保收的高标准农田。建成后，平均亩产粮食增加200斤以上，年新增粮食产量11亿斤。

第三种模式：结合社会主义新农村建设，在条件成熟的地区推进田、水、路、林、村综合整治示范项目。几年来，在农垦地区共实施撤队并点1183个，复垦855个，新增耕地19.5万亩，实现了由过去单一的土地整理复垦，到参与农村综合整治、整村推进、规模发展的转变。2009年实施的庆安县曙光村土地综合整治示范项目，将七个自然村合并成为一个具有朝

鲜民族特色的新村，改造中、低产田 23000 亩，新增耕地 1700 亩，既提高了耕地质量和粮食产出能力，又极大地改善了农民生产生活条件，得到了社会各界和农民群众的一致好评。

四、坚持规范化管理，探索适合黑龙江省实际的土地整治管理新模式

（一）实行省政府立项审批和市县政府建设管理"两权分离"

2010 年，黑龙江省政府先后出台了《黑龙江省人民政府关于加强和规范农村土地整治工作的意见》（黑政发〔2010〕72 号）和《黑龙江省人民政府办公厅转发省国土资源厅省财政厅关于整体推进农村土地整治示范建设的实施意见的通知》（黑政办发〔2010〕54 号），以政府规章形式对土地整治工作的新机制进行了全面规范。通过创新工作机制，既充分调动了地方政府的积极性，真正把土地整治当作政府的一件大事摆上了重要日程，又形成了有效的监督约束机制，有效地避免了腐败行为的发生。

（二）实行行政把关与技术专家咨询审查"两线运行"

政府行政主管部门主要是侧重对政策制定、计划安排、组织踏查审查等方面作出安排；专家组重点是在技术咨询、项目审查等方面提出意见和建议。总而言之，就是项目"好不好"、"行不行"由专家说了算，项目"上不上"、"干不干"由政府去决策。通过"两线运行"的方式，一方面确保了项目立项的可行性，另一方面确保了项目运行的合规性。

（三）实行政府职能部门与项目受用主体"两端对接"

在项目的立项审批过程中，提前与项目所在市、县政府进行沟通对接，同时组织各有关部门和专家赴项目区现场，进行实地踏查和论证，走村串户征求当地农民的意见，真正实现行政主管部门与受益农民群众首尾"两端对接"，这样的项目才能站得住、立得准、干得好。

经过多年的艰苦努力，黑龙江省的土地整治工作取得了明显成效，形成了"农村增地、粮食增产、农民增收、农业增效"的多赢局面，实现了"四个转变"：一是耕地保护方式由单纯的保数量的"静态管护"，向以土地整理为主、以建设促保护的"动态保护"转变。二是把中、低产田建设成为旱涝保收的高标准农田，使传统农业长期"靠天吃饭"的被动局面得到了有效转变。近年来，黑龙江省粮食实现连年丰收，2011年登上了1110亿斤新台阶，应该说土地整治功不可没。三是通过建设集中连片的优质农田，不仅为发展大机械作业的现代化农业奠定了基础，而且促进了土地承包经营权流转和规模经营，使农业生产方式由分散经营，向以规模化、集约化为标志的现代大农业生产的转变。四是通过整村推进田、水、路、林、村综合整治，进一步优化了用地布局，形成了居住相对集中、配套设施完善、人居环境良好的新农村建设格局，极大地促进了农业和农村生产生活方式的转变。

充分发挥财政职能作用
积极推进农村土地综合整治示范建设

山东省财政厅

2010 年以来，按照财政部、国土资源部的统一部署要求，山东省各级财政部门认真贯彻落实部省协议规定，充分发挥职能作用，多方筹措整合资金，健全完善配套政策，严格审查项目预算，切实强化资金监管，有力保障了山东省农村土地综合整治示范建设工作的顺利开展。目前，山东省承担的部省协议规定的国家土地综合整治示范建设项目进展顺利，预计 2012 年 6 月底工程总体进度将达 70% 左右，中央和省级资金已全部拨付到位，全省各地充分利用当前麦收后的大好时机，正在加班加点进行施工，确保按时、保质完成任务。

一、加强组织领导，落实责任分工

山东省委、省政府历来高度重视农村土地整治工作，近年来采取了一系列扎实有效措施，全面开展基本农田示范区建设与保护，土地整理、复垦、开发等各类土地整治工作，取得明显成效。2010 年 5 月被确定为农村土地综合整治示范建设试点省后，山东省委、省政府高度重视，省政府主要领导先后多次召开专题会议研究，做出重要指示，要求认真贯彻落实部省协议，并以此为契机做大、做强，通过开展土地整治，"一揽子"解决工业化、城镇化"缺地"、新农村建设"缺钱"、耕地保护"缺动力"、城乡统筹"缺抓手"等问题，切实改善农村生产生活条件，发挥示范作用。

山东省政府专门下发了《山东省人民政府关于加强土地综合整治推进城乡统筹发展的意见》（鲁政发〔2010〕73 号），并成立了由省委副书记、省长任组长，财政、环境保护、发展改革、建设等相关部门主要负责同志为成员的土地综合整治示范工作领导小组。为进一步落实责任分工，领导小组下设专门办公室，内设土地整治综合组、资金使用管理组、增减挂钩管理组、综合监管组四个组，各负其责，协同配合。财政部门牵头负责资金使用管理组工作，主要负责土地综合整治项目资金筹措和管理，资金管理办法研究制定，项目投资标准确定，项目预、决算审批，资金拨付、使用管理和监督等工作。各级领导高度重视、精心组织，各有关部门责任明确、通力配合，为贯彻落实部省协议、全面推进土地综合整治示范奠定了坚实基础。

二、统筹整合资金，加大投入力度

部省协议签订后，对山东省各类土地整治资金情况进行了全面摸底调查，在此基础上，结合山东省实际确定了资金筹措方案，即依托中央投资，整合省以下各类土地资金，加大地方配套资金投入，做大做强土地整治示范工程，在国家投资 24 亿元不变的情况下，省级投资 46 亿元，市、县投资 30 亿元，将投资总规模由 54 亿元扩大至 100 亿元。省级投资来源为新增建设用地土地有偿使用费，省级以下资金筹集坚持"渠道不变、集中投入、各计其效"的原则，整合各类涉农、涉土资金，包括新增建设用地有偿使用费、农业土地开发资金、土地出让金、农业综合开发资金、耕地开垦费、农村环境连片整治示范补助资金，以及水利、交通等部门用于农村基础设施建设等方面的各类涉农资金。通过这一举措，扩大了投资总体规模，放大了中央政策效力，充分发挥了中央资金"四两拨千斤"的"药引子"作用，有效保障了部省协议的贯彻落实。

为保证地方配套资金落实到位，山东省参照中央部省协议模式，与各市政府签订了《农村土地综合整治示范区建设目标责任书》，明确了各市配套资金筹措任务，提出了资金整合及使用管理具体要求，建立了稳定的资金投入机制和严格的责任追究制度。各市政府也与各相关县签订了工作责任书，逐级建立和完善了资金投入和责任追究机制。在山东省政府与各市政府签订工作责任书的同时，山东省财政提前拨付项目资金，确保项目及时启动、顺利进展，并严格按照预算执行规定，加快项目资金拨付进度。截至 2012 年 5 月底，中央和省两级资金已全部拨付到各项目所在市，市级也已全额拨付至项目所在县（市、区）。资金及时到位，有效保障了农村土地综合整治示范工作的顺利开展。

三、完善政策体系，加强项目管理

为切实加强示范建设项目资金的使用管理，山东省财政厅充分发挥职能作用，牵头制定了一系列配套办法，例如土地整治示范建设项目资金管理办法、土地整治项目竣工财务决算管理办法、土地整治示范建设项目投资标准、地方配套资金比例及落实方案、土地整治示范建设项目预算编制中其他费用取费标准等，全面规范了土地整治示范项目投资规模确定、资金申报、预算批复、资金拨付使用、项目决算审查等环节。为充分发挥资金使用效益，山东省还在项目资金使用范围方面进行了积极探索，允许各地根据实际，安排一定比例（不超过20%）的新增建设用地土地有偿使用费用于项目区内村庄和社区的基础设施配套建设，进一步拓展了新增费的使用范围，有效调动了基层工作积极性。在项目实施过程中，各级财政部门针对土地综合整治中间环节多、投入资金量大、管理难度高的特点，指导项目实施单位加强财务管理，建立完善内部控制制度，通过政府采购招投标确定项目监理单位、规划设计与预算编制单位等办法，建立起自上而下的资金管理政策体系，有效保障了土地整治示范建设资金安全高效。

四、严格预算审查，强化检查监督

为切实提高资金使用效益，增强项目实施可行性，山东省财政积极发挥职能作用，实行源头控制，加大项目预算审查力度。

（一）提前介入，参与项目可研论证、规划设计审查

项目的规划设计质量直接影响到预算编制质量和资金效益的发挥。按照公平科学、提高项目可行性的原则，山东省财政厅提前介入，参与项目可研论证和规划设计审查，合理确定项目区域，科学审定建设内容，了解掌握项目情况，为预算审查奠定基础。

（二）指导编制项目预算

在严格按照国家和省预算编制规定基础上，根据项目特点，山东省财政厅及时调整项目预算费用标准，科学把握投资比例，保证建设重点，严格执行固定资产投资和政府采购规定，并要求各级财政发挥职能作用，指导项目单位科学编制项目预算，把好预算初审关口。

（三）加强项目预算审查力度，引入财政评审机制

为有效提高预算审查的科学化、精细化水平，在财政审查项目预算过程中，引入了财政投资评审机制。山东省财政厅组织预算评审专业技术人员，对项目预算进行集中评审，实行"评审小组初审、独立稽核复查、评审机构审议、评审专家论证"的四级评审制，重点对以往省级土地项目财务决算评审中的常见问题进行审核，审减资金比例达9.1%，提出合理化建议73条。在评审中，注重加强与国土资源部门的衔接协调，建立了项目材料交接、意见反馈、定期会商协商等机制，形成了国土资源、财政两部门各负其责、相互监督、协调配合、共同把关的项目预算审查机制。

（四）加强检查督导，加快项目进度

为保证按期、保质保量完成部省协议规定的建设目标，山东省还组织开展了土地综合整治示范建设项目专项督导，采取听汇报和实地查看的方

式，对各地项目进度和资金使用情况进行了督导检查。对项目进度慢的地方，约谈地方主要领导，督促制定工程分期进度表，建立统计报表制度，实行一月一调度。同时，印发工作简报，表扬先进，鞭策后进，及时研究解决各地普遍存在的共性问题，有效促进了各地项目工程进度。

　　山东省将认真学习其他省市的先进经验做法，在财政部、国土资源部和山东省委、省政府正确领导下，继续发挥好财政职能作用，全力做好资金保障和监管工作，积极配合国土资源部门，加快项目实施进度，确保按时、保质完成国家下达的各项土地整治工作任务。

有效集聚资源　有序统筹发展

——江苏省推进"万顷良田建设工程"基本做法

江苏省国土资源厅

在国土资源部和江苏省政府的正确领导下，江苏省国土资源系统坚定践行"守土有责，护土有方，动土有据，用土有益"工作准则，积极破解"保护资源，保障发展"两难命题，竭力探索"有效集聚资源，有序统筹发展"创新路径，全力推进"万顷良田建设工程"。四年实践清晰感知，通过经济发展方式的基础性转变，一定能实现保护资源和保障发展持续双赢。

一、促进资源集聚，协调"三产"❶ 发展

江苏省自然资源短缺，环境容量偏小，人口密度高居全国省份之首，以占全国 1.06% 的土地，产出超过全国 10% 的 GDP。高投入、高产出、高负载的土地资源特征，要求江苏省必须更加注重工作创新，走资源消耗少、利用效率高、综合效益好的可持续发展道路。为此，江苏省探索设计并试行推进"万顷良田建设工程"，通过转变资源失配格局，转变传统农耕作业方式，转变农村固有散居模式，转变城乡既往发展路径，实现农村耕地资源、建设用地资源、劳动力资源、市场需求与服务资源有效集聚，推动城乡统筹发展，推进农业现代化、工业化、城镇化深度融合。工程建设以

---

❶ "三产"指第一产业、第二产业、第三产业。

农村土地综合整治为抓手，按自愿原则将农民集中搬迁到设施完备、功能配套、服务全面的中心镇以上社区，并培育形成新兴市场。各类土地通过复垦整理，调整置换，集聚效益明显。

经过近四年推进，全省批复试点项目 57 个，涉及行政村 366 个，土地规模 119.02 万亩，盘活建设用地 12.65 万亩，节约建设用地 8.85 万亩，节地率达到 70% 以上。节约的建设用地，除优先安排农民安置房、农村发展用地和基础设施配套外，其余指标通过有序调剂，弥补先进制造业、现代服务业等建设用地缺口，统筹"三产"协调发展。

二、保有耕地数量，提高耕地质量

工程建设坚持以四个"有利于"为衡量标准，为农村土地综合整治搭建平台。一是有利于增加耕地面积。工程建设将拆迁宅基地 100% 复垦为有效耕地。经过统一规划和综合整理，建成规模成片的优质"大田"。二是有利于加快农业现代化进程。农田集中成片，便于发展现代高效农业，实现农业现代化。三是有利于保障农产品质量安全。现代化种植、规模化生产，减少了传统作业方式对生态环境的污染，促进农产品质量的全面提升，保证消费安全。四是有利于加强土地管理。建设大规模连片的农田，利用航空和卫星影像，图斑与实地利用现状一清二楚，提高耕地保护的有效性。

2008 年 6 月以来，通过工程建设，江苏省新增耕地 17.18 万亩，共建成田、水、路、林综合配套，集中成片的大规模高标准农田 35.86 万亩，为工业化进程相对较快的江苏省提供了大力发展现代高效农业的基础平台。常州市金坛市建成 4700 亩高标准基本农田，生产标准有机稻米。南京市六合区项目建成后，吸引了多家全国知名农业开发企业入驻。昆山市制定了两岸（昆山）农业合作试验区发展规划，形成优质粮油、特种水产、特色果蔬、花卉苗木等"4 个 10 万亩"的农业产业布局。江苏省通过工程建设，农业产出效益进一步提高，农产品质量进一步安全，农业产业化、现代化进程进一步加快。

三、坚持以农为先，维护农民利益

工程建设逐步消化直接从事农业生产人口，有序拆迁不具备长远保留价值的零散村落，科学配置土地资源，从根本上提高农民幸福水平，促进城乡统筹发展。工程实施充分尊重农民意愿，全程透明，规范操作。规定工程建设必须得到98%以上群众同意，杜绝强征强拆。明确试点工作必须严格遵循"耕地面积有增加、建设用地有制约、农民利益有提升、国土规章有保证"的原则，确保工程建设规范有序，确保农民利益得到保障。

在引导农民进城进镇居住过程中，严格遵循依法、自愿、有偿原则，多途径增加转移安置农民收入。放弃承包经营权的农民纳入城市保障或被征地农民基本生活保障，增加保障性收入；土地流转以自愿协商或股份形式参加土地收益分配，增加生产性收入；搬迁后进入新的就业岗位，获得工资性收入；农居变城宅的通过安置住房显化资产，增加财产性收入。截至目前，江苏省试点地区已通过多种途径吸纳安置劳动力近10万人。南通市如皋市长江镇培训农民1.2万人次，安置就业超过8000人次，基本实现了凡有就业能力并有就业愿望的全部就业。常州市新北区引进农业龙头企业，方便农民就地就近就业。南京市六合区通过"旧房换新居"，房屋资产平均升值2～3倍。据统计，江苏省项目区农民拆迁安置后财产性收入均大幅提高，户均资产增值20万元以上，年均财产性收入增加1万元以上。

工程建设大大改善了农民居住环境和生活质量。农民迁居后，享受基础设施完备、教卫文体商服务功能健全、各类资讯多渠道通畅的现代社区生活，居住环境得到彻底改变。镇江新区将工程建设纳入全区统一规划，在农民集中居住区引入新加坡"邻里中心"理念，建设10万平方米集超市、菜场、餐饮、娱乐于一体的邻里中心，安置区配套建设多所学校、医院及文化馆，极大满足了进城农民的公共服务需求。

四、切实保护资源，有效保障发展

"万顷良田建设工程"让江苏省走出了一条保护资源和保障发展的"双赢"之路。这几年，在土地供需矛盾十分突出，耕地保护任务十分艰巨，土地执法形势十分严峻的情况下，通过工程建设，江苏省实现了农地集中、居住集聚、用地集约、效益集显，部分缓解了土地利用计划和耕地占补平衡指标紧张的矛盾，优化了区域土地利用布局，提高了土地使用效率，减少了基层违法违规用地行为的发生，保证江苏省连续两年实现"零问责"、"零约谈"，为江苏省粮食安全、生态文明、市场繁荣、民生幸福作出了积极贡献，为江苏省稳增长、促转型提供了有力支撑。

"万顷良田建设工程"蕴含着第一、第二、第三产业协调发展的理念，旨在对第一产业的着力提升、做第二产业的有效支撑、促第三产业的繁荣兴盛，稳步实现经济发展方式的基础性转变，功在当前，利在长远。有序推进这一宏大、务实、艰巨、渐进的历史性工程，必将促进城乡资源配置渐趋合理，二元结构矛盾顺势破解。

广西壮族自治区土地整治规划
编制和实施情况

广西壮族自治区国土资源厅

一、各级土地整治规划编制进展情况

（一）自治区土地整治规划

2009 年初，广西壮族自治区就（以下简称自治区）开展编制自治区土地整治规划（以下简称规划），委托国土资源厅土地整理中心承担编制任务。在编制过程中，根据自治区实际，开展了上轮土地整治规划实施评价、土地整治潜力研究、土地整治战略研究、农村集体建设用地整治研究、土地整治生态环境影响与景观建设研究共五个重大专题研究。2012 年 4 月底，五个重大专题研究报告和规划成果已编制完成，并通过自治区国土资源厅组织的专家、部门评审，目前正在抓紧修改、完善，争取 2012 年 6 月底前上报国土资源部审核。

（二）市、县级土地整治规划

在组织编制自治区土地整治规划的同时，国土资源厅也部署了市、县规划编制工作。2010 年 9 月，下发了《广西壮族自治区国土资源厅办公室关于印发〈广西土地整治潜力调查工作方案〉的通知》（桂国土资办〔2010〕435 号）；2011 年，国土资源厅开展了市、县规划编制技术规程的编制工作，目前，两个规程已完成初稿，正抓紧与国土资源部最新规定和要求进行衔接和修改完善；2012 年 4 月 20 日，国土资源厅下发了《广西壮族自治区国土资源厅办公室关于加快土地整治规划编制工作的通知》（桂国土资办〔2012〕152 号），要求各市、县必须在 2012 年底之前完成土地整治规划的编制和审批工作；2012 年 4 月 27 日，国土资源厅联合自治区财政厅转发了《国土资源部财政部关于加快编制和实施土地整治规划大力推进高标准基本农田建设的通知》（国土资办〔2012〕63 号），及时贯彻落实两部有关部署要求。目前，各市、县基本完成上轮土地整治规划实施评价、土地整治潜力研究等专题研究，全面铺开了规划成果编制工作，其中桂林市、灵川县分别完成了桂林市和灵川县土地整治规划，这两个规划都已通过上级国土资源管理部门组织的专家、部门评审，正抓紧修改完善。

（三）规划主要特点

自治区本轮土地整治规划做到了"四个落实"和"四个结合"。一是认真落实统筹安排和落实高标准基本农田建设的总体要求，与层层分解高标准基本农田建设的指标任务相结合，确保高标准基本农田建设任务落到实处、落到地块。二是认真落实统筹城乡发展和新农村建设的客观要求，与"十二五"期间自治区重点推进的城镇工矿用地整治、农村建设用地整治重大工程安排相结合。三是认真落实新一轮扶贫攻坚的新形势要求，与贫困地区、革命老区、少数民族地区、边境地区坡耕地和基本农田整治重大工程安排相结合。四是认真落实农业产业化加快发展的迫切要求，与自治区促进农业产业化、规模化经营的总体部署和引导农村集体土地流转相结合。

二、主要做法

（一）坚持以规划为统筹，以重大工程为抓手，大力开展土地整治

2009 年，在加快自治区土地整治规划编制的同时，下发了《广西壮族

自治区人民政府办公厅关于印发广西整村推进土地整治重大工程实施方案的通知》（桂政办发〔2009〕194号），这个实施方案是指导自治区一段时期内土地整治工作的纲领性文件，为在新形势下打开土地整治工作新局面提供了强有力的政策保障。

2009年以来，自治区组织实施了一大批土地整治重大工程，累计建设规模616.66万亩，总投资143.09亿元，目前已竣工项目219个，新增耕地4.52万亩，提高了粮食综合产能，改善了农村和农民生产生活条件，促进了城乡统筹发展。

一是全面实施桂中土地整治重大工程。涉及来宾等两市、六个县（区），建设规模200万亩，总投资39亿元，惠及133.64万农民，并推进30个示范村、300个改造村的新农村建设。二是组织实施国家和自治区投资土地整治重大工程和大石山区五县、桂西五县、南百高速公路沿线及小型水库除险加固涉及区域土地整治重大工程等，项目595个，建设规模416.57万亩，总投资104.09亿元。三是在南宁等六市组织实施第一批15个农村土地综合整治试点项目，运用土地整治和城乡建设用地增减挂钩试点政策，对田、水、路、林、村等进行综合整治，建设规模15万亩，预计新增耕地4500亩。四是总结推广龙州县农民自发小块并大块的土地整治工作，并出台指导意见和以奖代补办法。

在自治区土地整治规划中，已将全国土地整治规划下达的1336万亩高标准基本农田建设任务层层分解落实到市、县和重点乡镇，并安排了相应土地整治重大工程予以落实。规划期间，继续实施好三个国家基本农田保护示范区建设，重点加强18个高标准基本农田建设示范县、40个基本农田整治重点乡镇建设，新建360处万亩高标准基本农田保护示范区。

（二）坚持政府主导，严格考核，加快土地整治规划编制工作

2009年11月，自治区人民政府办公厅下发了《广西壮族自治区人民政府办公厅关于实施广西壮族自治区土地利用总体规划的通知》（桂政办

发〔2009〕209号）指出："要在土地利用总体规划控制指导下，组织编制和实施土地整理复垦开发规划、土地保护整治规划等土地利用专项规划……"，对广西各级土地整治规划编制工作作出了部署，明确了总体要求。在2012年初，自治区绩效办将自治区土地整治规划编制工作纳入了2012年度考核范围，年底将对完成情况进行考核；国土资源厅将各市、县土地整治规划编制工作纳入了2012年度综合管理目标考核，年底对完成情况进行考核。这些举措使各市、县对规划必要性和重要性的认识得到进一步提高，增强了紧迫感和责任感，并想方设法按时、保质完成规划编制任务。

（三）坚持因地制宜，周密部署，统筹推进各级土地整治规划

大力推进土地整治重大工程和加快土地整治规划编制两手并举，自治区、市、县三级土地整治规划编制同时部署、同步推进、重点突破。首先，国土资源厅对市、县土地整治规划编制内容和工作进度提出了明确要求。为了保证规划成果质量，突出区域特点，从实际出发，广西还及时组织制定市、县土地整治规划编制技术规程，在2012年4月下发的《广西壮族自治区国土资源厅办公室关于加快土地整治规划编制工作的通知》（桂国土资办〔2012〕152号）中，也明确了规划主要内容和深度、规划图件制作等具体要求，为提高规划成果的规范性提供了保障。其次，国土资源厅与国土资源部土地整理中心签订了合作备忘录，利用其在政策和技术上的优势，给予技术支撑和政策指导，并委托其编制桂林市和灵川县土地整治规划，为自治区树立了规划编制的高标准范例。

三、下一步工作打算

1. 加强检查、督促和指导，确保如期完成规划编制和高标准基本农田建设任务。千方百计采取有效措施，加快完成规划编制任务，并以规划为基础，全面落实好高标准基本农田建设任务。

2. 强化规划编制工作培训。及时举办规划编制培训班，让有关人员全

面了解、熟悉并掌握规划编制的有关要求，保障提交规划成果的高质量。

3. 加快出台规划编制技术规程。在做好与国土资源部最新规定和要求进行充分衔接的基础上，加快修改、完善市、县土地整治规划编制技术规程，争取尽快出台。

4. 抓紧上报自治区土地整治规划。

5. 加快已批准立项土地整治重大工程、重点项目的实施。加大稽查、督察力度，确保已立项重大工程、重点项目按时竣工和验收。同时，积极组织申报实施边境"兴边富民"土地整治重大工程。

全域规划 政府主导
综合整治 服务"三农"
——四川省实施"金土地工程"做法与成效

四川省国土资源厅

一、"金土地工程"出台的主要过程

四川省是我国西部内陆农业大省,"三农"问题一直是省委、省政府工作的重中之重。作为国土资源管理部门,也在思考如何将部门工作与全局工作结合,探索促进"三农"问题有效解决的途径。首先想到的就是土地整理,它直接面向农村、农业,使农民直接受益,理应成为服务"三农"最直接、有效的抓手。2005年4月,国土资源厅向四川省委、省政府提交了题为《整理土地服务"三农"》的报告,省委、省政府主要领导随即批示加快土地整治规划编制;2012年7月,《四川省专项土地整理——"金土地工程"规划》编制完成,计划在2006～2015年十年间投入150亿元,对137个县1000万亩土地进行田、水、路、林、村综合整治,建成600万亩高产稳产基本农田,新增有效耕地不少于100万亩;2005年12月2日,四川省政府下发《关于实施四川省专项土地整理(金土地工程)工作的通知》(川府函〔2005〕234号);2005年12月24日,"金土地工程"启动仪式在成都市金堂县栖贤乡举行,声势浩大的专项土地整理在巴蜀大地全面实施。截至2011年底,共投入各级财政资金近120亿元,实施"金土地工程"项目687个,整治土地近800万亩,建成高产稳产基本农田近

600万亩，新增90万亩优质耕地。旱地灌溉保证率提高到80%以上，耕地质量平均提高1个等级，生产成本平均下降10%，直接受益农民达850万人，人均增收20%以上，成效已初步显现。

二、"金土地工程"的主要做法

（一）坚持规划先行，实行全域规划、综合整治

着眼全局，按照"全域规划、全域设计、全域整治、整体推进"的总体思路，编制完善农村土地整治专项规划，突出田、水、路、林、村综合整治，合理安排规模、布局和时序，以科学规划引领农村土地综合整治。"金土地工程"规划涉及除川西北高山高原区生态脆弱县以外的137个县（全省181个县）。各县级规划以行政村为单元，按照集中连片原则，落实项目，涉及约两万个行政村，占四川省行政村总数的40%。

（二）坚持以民为本，尊重农民意愿，维护农民权益

始终将尊重农民意愿，维护农民权益摆在突出位置，贯穿于项目立项、设计、施工、验收全过程，并在管理制度制定、日常工作流程设计两个层面对农民群众的知情权、参与权和受益权予以保障。项目立项，须经项目涉及地村民会议三分之二以上成员或二分之一以上村民代表同意；项目设计方案须充分征求集体经济组织和农民群众意见；项目施工、项目验收，村民代表要对工程质量进行监督并予以评价。

（三）坚持联动机制，注重政府主导、凝聚合力

四川省政府始终把"金土地工程"作为全局性工作进行安排部署。《关于实施四川省专项土地整理（金土地工程）工作的通知》（川府函〔2005〕234号）将"金土地工程"纳入对市（州）、县（市、区）目标考核内容，实行一把手负责制，《关于加快实施"金土地工程"的通知》（川府函〔2008〕222 号）要求"要进一步健全相应工作机制，充分发挥国土资源管理部门的牵头作用，发展改革、财政、交通、水利、农业、审计、监察等部门要密切协作"。正是由于省政府的高度重视，精心部署，四川省建立了"政府主导、国土搭台、部门协作"的工作机制，形成了"统筹规划，整合资源，集中投入、连片推进"的工作局面。"各炒一盘菜，共办一桌席"就是对这种工作机制最生动的描述。

（四）坚持规范管理，突出全程监管、精细管理

按照"从严、全程、精细管理"的工作思路，出台了《四川省农村土地综合整治——"金土地工程"项目管理暂行办法》（川国土资发〔2009〕46 号）、《四川省专项土地整理——"金土地工程"国家和省投资项目资金管理暂行办法》、《关于"金土地工程"项目招标投标及比选有关问题的通知》（川国土资发〔2006〕27 号）等 17 个规范性文件，建立了从项目立项到验收的全程管理制度。按照精细管理的工作要求，出台了"金土地工程"项目测绘、规划设计、施工设计、竣工验收技术导则和监理规范，采用技术设备和方法实施定量、定位的动态化精细管理。对项目验收实行合格证制度，严格竣工复核和资金审计，严格质量标准，决不以牺牲质量换进度。

（五）坚持因地制宜，按需设计施工，突出服务"三农"功能

"金土地工程"规划按照因地制宜原则，将全省划定为五大区域，确定了各区域土地的主要发展利用方向。如成都平原综合整治区以推进"挂钩试点"、统筹城乡发展、建设高标准农田、为发展规模化高效农业创造条件为主。在项目预算下达前，对已确定了利用方向的项目设计，要求设计单位主动与涉农企业、农村专业合作组织和种植大户对接，了解需求，征求意见，优化设计。鼓励和支持龙头企业和农业大户利用项目建设成果发展规模化农业。

三、"金土地工程"的初步成效

（一）有效维护了农民权益

积极开展农村土地整治实施方式改革试点，探索通过以奖代补或定额补助的方式，将农民可以承担的土地平整工程、农田水利建设、田间道路建设等工程，直接交给项目区农民群众自行组织实施，充分发挥农民群众主体作用，提高农民参与度，确保农民得到更多实惠。带动农民增收，有效的路径是发展现代农业和规模化经营。射洪县明星镇水井村项目区农民在整理后的土地上规模种植粮油新品种和无公害蔬菜，人均纯收入由2006年的3419元提高到2011年的9527元。"金土地工程"整理后的优质耕地成为农业产业链的"第一车间"，正如苍溪县望水村二组农民赵继会所说："金土地工程给我们整出了一个金饭碗。"

（二）有效加快了现代农业发展

将"金土地工程"作为"筑巢引凤"的载体，引导农业产业化企业承包、流转项目区土地，农民离土不离乡，农民变为农业工人，承包户变为股民，促进传统的分散农业向现代的规模化农业转变，全面推动了农业产业化发展。成都市的金堂县、蒲江县、新津县等地以及遂宁市射洪县、绵阳江油市、广元市苍溪县等县（市）在农村土地整治与农业产业化相结合方面走出了很好的路子。

（三）有效推动了城乡统筹发展

"金土地工程"实施后，项目区卫生、体育、文化、环保、社会福利保障设施得到同步建设，一应俱全。工程实实在在的投入使农村发生了实实在在的变化，农民群众深切感受到党和政府的温暖，极大地促进了干群关系的和谐，强化和巩固了农村基层组织建设。同时，通过工程实施，进一步密切了国土资源管理部门与基层群众关系，赢得了群众的赞誉，提升了部门形象。

（四）有效促进了新农村建设

"金土地工程"总体投入较大，项目体大效优，成为四川省推进新农村建设重要抓手。通过工程实施，大力改善了农村道路、水利、村落等基础设施条件。项目区大量农村道路硬化，彻底改变了以往"天晴一身灰、下雨一身泥、地上一团糟"的落后面貌。道路通畅了，无论是生产需要物资，还是成熟的农产品收购都可以直接在田间地头实现无缝对接；农田水利设施通过新建、整治利用率大大提高，真正实现能排能灌、水旱从人；农民新居按照项目规划科学布局、规范建设，形成了风格独特、环境优美的村居聚落。

加快实施国土整治"三大工程"
创新少数民族地区持续发展之路

宁夏回族自治区国土资源厅

一、基本情况

宁夏回族自治区(以下简单称自治区)地处祖国的西部,人口 630 万,回族人口占 30% 以上,是我国最大的回族人口聚居地区。区域面积 6.64 万平方公里,耕地面积 1650 万亩。近年来,在国土资源部、财政部的大力支持下,自治区抓住机遇,以节水增地、改善生态、移民致富为目标,积极实施国土整治"三大工程"。自治区中北部土地开发整理重大工程,总规模 337.8 万亩,总投资 36.6 亿元;自治区中南部生态移民土地整治工程,总规模 85.35 万亩,投资 22 亿元;高标准基本农田建设工程,建设高标准基本农田 300 万亩。到 2015 年,国土整治"三大工程"总建设规模 520 万亩,计划总投资 76.3 亿元,占全自治区耕地面积的 30%,可改善全自治区近三分之一农民群众的生产条件,使 35 万生态移民生产用地全部得到有效整治。

二、主要做法

(一)高起点推动,形成"一把手"亲自抓的领导工作机制

改变国土资源部门单独实施的传统做法,积极构建"一把手"亲自

195

抓、国土资源部门牵头抓、相关单位协力抓的工作格局。一是自治区、市、县成立了土地整治领导小组,自治区政府主席任组长,两名分管副主席任副组长,15个相关部门负责人为成员,成立领导小组办公室和监督办公室。自治区主席撰写土地整治署名文章,分别在《中国国土资源报》和《宁夏日报》刊载。二是建立目标责任体系。土地整治工程分别被写入自治区党委年度工作要点和政府工作报告,层层签订了目标责任书,并列入政府效能考核和耕地保护考核。三是加大落实力度。自治区政府召开常务会议和专题会议,协调解决存在的问题;自治区人大、政协多次到项目区进行视察、鼓劲加油;国土资源厅、财政厅作为领导小组办公室主要成员,将土地整治作为"一号工程",充分发挥牵头、协调等职能,抓规划编制、抓工程进度、抓制度完善,有力推动了土地整治工程的顺利实施。宁夏新闻网、宁夏电视台常年开设专栏,持续宣传报道土地整治工程,提升了知晓度,扩大了覆盖面。

(二)高标准规划,切实发挥土地整治的综合效益

编制一套高质量、科学合理的规划是实施"三大工程"的前提和关键。从相关部门抽调40多位专家,高标准编制了《宁夏中北部土地开发整理重大工程项目总体规划》和《宁夏"十二五"生态移民土地整治项目专项规划》,并委托有关科研单位开展了北部土地盐渍化改造、中部高效节水灌溉、水资源平衡分析、项目资金整合等四个专题研究,两个通过自治区科技成果鉴定。在规划编制中,注重搞好"四个衔接":与沿黄经济区总体规划相衔接,在提供建设用地的同时,对黄河两岸的土地进行整治,打造综合生态整治景观;与生态移民总体规划相衔接,切实做好移民区土地整治,解决移民的生产生活问题;与设施农业、高效节水、农业"三个百万亩"示范基地等94个项目结合,结合面积84.2万亩;与村镇建设规划相衔接,加快新农村建设,较好地发挥了土地整治规划的综合效益。

（三）高科技监管，实现信息化建设与工程措施的有机结合

将科学技术与土地整治有机结合，是做好国土整治的一个抓手。一是利用无人机对项目区实施前、中、后的影像进行航空拍摄，形成了"天上飞、图上查、实地测"的全方位监管。二是研发了土地开发整治动态监测与管理信息系统。利用摄影测量系统和网络技术等手段对国土整治工程进行信息化管理，实现了网络环境下的数据共享和展现。三是推行业主、监理、中介、社会舆论、当地群众和动态监测系统相结合的"六位一体"质量监督体制。聘请村干部群众担任质量监督员，确保工程始终处于严格的受控状态。

（四）高效能防范，构建项目实施与监督并重的廉政风险防控体系

针对土地整治任务重、资金量大、易发腐败等实际情况，一是建立风险防范机构。成立了由纪委、检察、监察、审计等部门参加的重大项目监督办公室，凡是重要制度、重大决策，领导小组办公室提出意见，须经监督小组办公室审定后方可报领导小组决策。二是统一招标平台。将各地的项目从设计到施工，均进行招投标，并全部集中到自治区公共交易平台进行，最大限度弱化招投标环节中的人为因素。三是完善廉政制度。对项目实施中容易发生职务犯罪和滋生腐败的环节和风险点进行了梳理，制定了重大项目监督管理办法等九项规章制度。四是完善施工合同。实行"合同双签制度"，在签订施工合同的同时，项目法人与各施工单位签订廉政协议书，有效地防范了腐败案件的发生。四是严格资金管理。严格按照项目工程进度和实际完成的工程量由财政支付资金，并对年度项目进行资金管理绩效评价，确保了项目资金的使用安全。

三、取得的成效及体会

经过几年的不断摸索和实践，自治区国土整治工作取得了明显的阶段

性成效，综合效益进一步显现。一是增产增收。目前，通过整理的面积超过 200 万亩，新增耕地 34 万亩，土地质量普遍提升 1～2 个等级，亩均单产增加 110 千克左右，农民人均年纯收入普遍增加 785 元。二是节水增地。通过推广节水灌溉技术，平均节水达到 20%，老灌区总用水量减少约 1/4，增加了 41 万亩的农田灌溉面积。三是生态改善。通过国土整治，共整理沙漠 5.6 万亩，治理盐碱地 9.2 万亩，栽种各种树木 298 万株，初步形成了乔、灌、草结合的农田防护林体系，项目区 80% 的农田得到了保护。通过开展大规模的国土整治，不仅为实现自治区粮食产量"八连增"奠定了基础，调整和优化了农业产业结构，而且推动了新农村建设和扶贫开发，确保了生态移民和沿黄经济区建设等重大战略的实施，助推了资源节约型社会和环境友好型社会的建设，促进了民族团结、和谐富裕，是少数民族地区实现可持续发展的创新之举。

加强部省高层沟通协调、积极争取国家支持是做好国土整治工作的基础，自觉融入自治区经济社会发展大局、主动搞好衔接融合是做好国土整治工作的有效途径，关注改善民生、务求利国惠民是做好国土整治工作的目的所在，坚持务实苦干、小省份也能办大事，是做好国土整治工作的内在动力。2012 年 4 月，自治区党委、政府举行"三大工程"启动仪式，国土资源部王世元副部长莅临指导，自治区土地整治由局部实施向全域覆盖转变，标志着大规模的土地整治正式拉开序幕，具有划时代的重要意义。

在取得成绩的同时，自治区国土整治"三大工程"还存在进展不平衡、标识牌设立少、后续资金亟须国家支持等问题。下一步，自治区将以此次现场会为契机，学习借鉴其他省（自治区）土地整治工作的做法和经验，进一步做好 2012 年新开工 100 万亩、续建 70 万亩的整治任务；进一步发挥统筹协调作用，全力做好沟通、衔接、服务等工作，保证工程顺利实施；进一步扩大监督覆盖面，加大信息公开力度，确保工程公开、规范、透明；进一步抓好自治区中北部土地开发整理 29 个重大工程项目、100 万亩的验收工作。

高效完成规划编制工作
大力推动土地整治实践创新

山西省吕梁市人民政府

吕梁市位于山西省中部西侧,总人口372万人,总面积2.1万平方公里,其中土石山区和丘陵区占92%。2010年吕梁市被国土资源部确定为全国土地整治规划编制试点市。两年多来,吕梁市抓住山西省创建国家资源型经济综合改革试验区的机遇,在土地整治规划方面先行先试,大胆实践,取得了初步成效。

一、《吕梁市土地整治规划(2011~2020年)》编制过程

(一)权威机构负责编制

吕梁市政府主要领导担任土地整治规划编制工作机构负责人,并将全市土地整治规划编制列入全市政府工作重要议事日程。市政府多次与国土资源部沟通联系,聘请长期从事全国土地整治政策研究的北京大学城市与环境学院负责吕梁市土地整治规划的编制工作。

(二)六个阶段科学编制

吕梁市土地整治规划编制主要经过了现场调研、专题研究、方案初定、方案编制、规划评审、规划备案六个阶段。

1. 2010 年 11 月～2011 年 1 月为现场调研阶段。历时两个月在吕梁市全市范围内进行了资料收集、问卷发放和现场踏勘，对全市社会、经济、土地利用、土地整治等情况做出研判，形成调研报告。

2. 2011 年 1 月～2011 年 2 月为专题研究阶段。在分析总结 433 个土地整治项目特点和经验的基础上，广泛征求相关部门和干部群众对土地整治工作的意见和建议，完成了吕梁市上轮规划实施与相关工作评价、吕梁市土地整治潜力评价、吕梁市土地整治生态本底及环境影响研究、吕梁市土地整治规划政策体系研究四个专题研究。

3. 2011 年 3 月，依托专题研究的初步结论，组织相关部门充分讨论，制定出土地整治规划的初步方案。

4. 2011 年 4 月为方案编制阶段。承担单位认真分析相关部门的意见和建议，研究制订土地整治规划的指导原则、目标和战略任务，提出区域耕地补充平衡方案和土地整治的重点区域、重大工程、示范项目等，形成了土地整治规划方案。

5. 2011 年 5 月为土地整治规划评审阶段。山西省国土资源厅邀请国家级专家对《吕梁市土地整治规划（2011～2020 年）》成果进行了评审验收。吕梁市成为全国较早完成土地整治规划编制工作的市级试点。

6. 2011 年 6 月以后为《吕梁市土地整治规划（2011～2012 年）》审查备案阶段。吕梁市正在按照评审组提出的意见对规划进行最后的修改完善，等待国土资源部审批。

（三）成果规范、特色明显

以科学发展观为指导，根据市级土地利用总体规划和城镇发展规划，对土地整治做了较为全面的规划。一是科学制定了土地整治的战略目标和主要任务；二是分析土地整治潜力，合理安排土地整治项目的规模布局、重点区域、重大工程和示范项目；三是综合协调各有关部门规划，统筹安排土地整治相关内容，大力推进基本农田整治，优化田、水、路、林、村、矿等的空间布局；四是制定市区土地整治规划方案，确定规划投资与筹资方案及规划实施计划；五是开展规划实施环境影响、经济效益、社会影响评价，制订规划实施保障措施。按照预期，通过整治，可增加耕地10万亩；六是建立了最先进的数据库系统，为规划的实施奠定了扎实的基础。

1.《吕梁市土地整治规划（2011～2020年)》根据吕梁市的自然地理特征、城市发展设想、土地整治潜力等，确定了"一轴、两带、六区"的土地整治空间构想。一轴指中部城镇发展轴，是市域城镇空间发展主轴；两带指西部土地整治分布带及东部土地整治分布带，是全市土地整治的主要分布带；六区即城市功能拓展区、东南部平川整治区、东南部低山丘陵整治区、东北部低山丘陵整治区、中部生态保育区以及西部黄土丘陵综合整治区。

2.《吕梁市土地整治规划（2011～2020年)》按照不同的土地整治工作类型，划定了七类土地整治潜力区，一是城镇发展区，二是生态保护区，三是地质灾害区，四是25度以上地区，五是15～25度地区，六是6～15度地区，七是0～6度地区。

3.《吕梁市土地整治规划（2011～2020年)》明确了土地整治的主要措施及任务，即以土地整治为平台，统筹城乡土地利用；以坡地整理及填沟造地为主要手段，保障粮食生产安全；以村、矿建设用地整治为重点，促进土地节约集约利用；以生态环境整治为途径，提升土地资源整体环境质量；以机制建设为前提，完善实施保障措施。

4.《吕梁市土地整治规划（2011～2020年)》突出了三类土地整治重点区域、四类土地整治重点工程、四类土地示范项目。三类土地整治重点区域是农用地整理重点区域、土地开发重点区域、土地综合整治重点区域；四类土地整治重点工程是基本农田整治、能源—矿山废弃地复垦整治、城乡统筹区域农村建设用地整治、黄土沟壑丘陵区土地整治；四类土地示范项目是现代农业示范项目、农村土地综合整治示范项目、整镇推进综合整治示范项目、城区土地整治示范项目。

专家评审组对《吕梁市土地整治规划（2011～2020年）》的评价是："该规划内容全面、重点突出；方法先进、手段丰富；调查充分、基础扎实；成果规范、富有特色，是一项高质量的成果，对市级土地整治规划编制具有示范作用。"

二、《吕梁市土地整治规划（2011～2020年）》实施成效

《吕梁市土地整治规划（2011～2020年）》通过评审后，吕梁市紧紧抓住综合改革试验区建设和土地整治规划编制试点的机遇，尊重基层和群众的首创实践，不等不靠，积极探索新形势下土地综合整治的新路子，特别是三种土地整治创新模式发挥了重大效应，取得了较为显著的成效。

（1）柳林县的"企业出资，村民以地入股，整镇覆盖，产业化开发，大规模集中连片整治"模式。2010年由山西联盛集团以1.5亿元现金，与柳林县留誉镇槐树沟农民专业合作社组建联盛农业开发有限公司，对该村12万亩土地进行整治。从2010年起，计划用十年时间投资100亿元对留誉镇全镇154平方公里的土地进行综合整治，通过开发梯田、填平沟壑、兴建农田基础设施等方式，增加耕地3万亩。

（2）中阳县的"企业造地，农民无偿使用"模式。中阳县桃园水泥厂出资，将五个村土地全部改造为高标准农田，赠予村民经营。

（3）孝义市的"政府协调，部门协作，集中整治"模式。由国土资源、农业、林业、水利、交通、乡镇等部门联动，在集中连片土地上投入资金实施山、水、田、林、路、村的综合整治。

三、经验

（1）科学规划是前提。土地整治工作作为一项系统工程，必须在科学的规划指导下才能实现预期效益，大规模的集中整治工作更是如此。

（2）组织领导是保障。加强对各级政府尤其是基层政府的组织领导，才能保障规划编制人、财、物的供给，才能有效组织协调有关部门履行好

各自的职责。

（3）专家支撑是关键。依托北京大学专家丰富的理论成果和实践经验，以及技术单位的雄厚力量，吕梁市土地整治规划得到了专家组的高度评价，试点成效明显。

（4）尊重群众是基础。在土地整治规划编制和实施的整个过程中，充分尊重和吸收广大人民群众特别是农民的意见，最大限度地保障农民土地权属和收益，得到了广大群众的支持和参与，确保这项工作得到了稳步和深入推进。

严格规范管理　提升综合效益
全力推进土地整治项目精品工程建设

——河南省邓州市基本农田保护示范区建设的做法和经验

河南省邓州市人民政府

河南省邓州市国土面积 2369 平方公里，辖 28 个乡（镇、街道），606 个行政村，175 万人，耕地面积 257 万亩，基本农田面积 217.5 万亩，是河南省直管试点县（市），南水北调中线工程渠首市，国家粮食核心主产区，全国 116 个基本农田保护示范区之一。

作为农业大市，邓州市以前中、低产田占全市耕地面积的 65% 以上，自从被授予"国家基本农田保护示范区"以后，邓州市以土地整理项目为依托，大力实施田、水、路、林、村、房综合整治工程，在"基本农田标准化、基础工作规范化、保护责任社会化、监督管理信息化、区域布局规模化、土地利用高效化"建设上取得了一定成绩，实现了耕地保护、生态环境、经济建设和社会发展"四赢"效果，粮食生产连续八年增收、连续六年总产量达到 20 亿斤以上。

2009 年，国土资源部批复给邓州市建设规模 120 万亩、总投资 18 亿元、分五年完成的南水北调中线渠首及沿线土地整治重大项目，切实加快了邓州市高标准基本农田建设保护示范区的步伐。目前，第一、第二年度投资 4.8 亿元的 35.5 万亩土地整治工程已经完工，第三年度投资 7.2 亿元的 42 万亩土地整治工程正在实施，计划 2012 年年底完工。

一、主要做法

（一）加强领导，把好"组织关"

邓州市成立了土地整治项目指挥部，市委书记任政委，市长任指挥长，纪检监察、国土资源、财政、审计、交通、水利、电力等部门主要负责人为成员。指挥部下设办公室，负责协调解决项目实施中的具体问题。项目区所在乡镇也成立相应机构，负责解决施工现场的矛盾和问题，做到领导到位、组织到位、责任到位、落实到位。

（二）广泛动员，把好"宣传关"

通过会议、电视、广播、标语、宣传资料等多种形式、多种渠道，大力宣传项目建设的重要性和必要性，在项目区召开村组干部及群众参加的土地整理专题工作会议，进行层层发动、全面动员，使广大干部群众形成共识，提高了群众主动参与的积极性。

（三）精心规划，把好"设计关"

运用实测、物探、现场踏勘调查等多种方法提高设计质量，广泛发动所在村组干部群众参与野外调查和工程布设意见，提高设计效率和可操作性。组织召开水利、农林、规划等部门和项目区所在地乡镇、村组共同参加的论证会议，对初步规划设计方案进行补充、修改、完善，制定出操作性强、详细完整的项目实施方案。

（四）公开招投标，把好"操作关"

根据批复的项目实施意见和招投标方案，按照公开、公平、公正的原则，依法按程序进行公开招投标，确定施工单位和监理单位。

（五）强化培训，把好"业务关"

组织项目管理人员、施工负责人、资料员、技术员等进场人员进行工作制度、纪律、安全等岗前培训；协调指导项目现场管理部、施工及监理单位选定施工场地和办公地点，做好清障、调地等前期工作。建立工程质量监理通报制度和工程质量、进度公示制度，使项目现场管理部、乡镇协管组、监理人员、施工单位每天都能坚持现场办公，及时协调解决施工中出现的问题，使工程质量、进度、资金使用都能够严格履行合同约定。

（六）严格管理，把好"施工关"

现场管理和监理是质量保障的核心。年度工程按乡镇划分为若干片区，成立现场项目管理部，实行主任负责制。工程开工后，现场管理人员牺牲节假日，吃住在施工工地，主动协调乡镇、村组、群众、施工单位、监理单位、设计单位解决问题。同时，按照公正、透明、诚信、守约原则，强化进场设备及原材料质量监管，确保设备及原材料供应持续、价格稳定，保质保量满足施工需求。

（七）完善资料，把好"档案关"

建立了项目档案管理制度，将项目自申报到竣工验收合格后的一切文件、资料、图件、表册、记录归纳入档，分门别类地整理、归并、装订成册，实行专人专柜保管，以便备查使用。

（八）及时移交，把好"管护关"

项目竣工后，组织项目区村、组干部及村民代表，共同商定工程管护方案。按照科学、合理、可行的原则，建立健全管理制度，明确管护范围、内容、期限、要求、双方的权利与义务等事项，确保项目及早发挥效益，并能得到长久使用。

二、工作体会

（一）多策并举、推进全员参与是加强基本农田保护示范区建设的关键举措

项目建设中，邓州市聘任了 578 名土地协管员，充分发挥他们参与监督土地整治的积极性。强化了行政问责，实行乡镇长离任审计制度。确保年度目标责任落实。通过奖励和补贴乡镇，激发了基层组织开展土地整治的积极性，从而也推进了新农村建设。项目区的土方工程、挖掘工程、边沟、植树工程都由当地百姓参与实施，既方便了施工，又让群众在项目实施过程中得到了实惠，形成了全员踊跃参与土地整治的良好局面。

（二）突出亮点、建设精品工程是加强基本农田保护示范区建设的坚实基础

项目设计实施的目标是每个项目都有亮点。通过改变设计理念，强化公众参与，增加投资强度，提高部分工程标准，从工程外形设计到项目区实地布局都能协调、美观，项目区一个比一个建设的更好。通过土地整治后的基本农田示范区内，田间硬化道路阡陌相通，排水沟渠纵横相连，白柱红顶井亭灵巧，变电房、高低压线路配套齐全，路边林木迎风挺立，项目区标牌熠熠生辉。国土资源部"土地整治万里行"和央视一套、新闻频道于 2011 年 12 月均作了专题报道，2012 年 5 月 24 日～6 月 3 日中央电视台、河南电视台等新闻媒体又对项目区作了"三夏"跟踪报道。

（三）加强引导、提升综合效益是加强基本农田保护示范区建设的根本目标

项目建成后，按照"依法、自愿、有偿"的原则推进土地转包、出租、入股、互换、托管等多样化土地流转。通过区域化布局、规模化种

植、标准化生产、种养加相结合、农工贸一体化推动农业集成化、产业化、规模化经营。土地整治项目的实施让农民得到了真真切切的实惠，项目区亩均增产 300 斤，亩均年增效益 500 元，人均年增收 960 元；园区内农民人均纯收入达到 6360 元，比全市农民人均纯收入 5580 元高出 15 个百分点。

"用国家的钱，整自己的地"
探索实践"小块并大块"耕地整治新模式

广西壮族自治区崇左市龙州县人民政府

"小块并大块"耕地整治是坚持农民自发、自主、自愿原则，在保留原有耕地面积不变的前提下，由农民或农村基层自发组织将本集体原有零星分布、条块分割、高低不平的土地进行归并平整，整合成相对集中连片、田块大小面积均衡的耕地，并进行配套工程建设，调整土地承包经营权，办理变更登记的土地整治活动。达到整治区域内耕地质量和土地利用效率明显提高、农业基础设施和生态环境明显改善、农民收入明显增加的目的。近年来，广西壮族自治区崇左市龙州县以这种模式为载体，大力推进农村耕地整治工作，取得了一些成效，现作简要汇报。

一、"小块并大块"耕地整治的基本情况

龙州县位于广西壮族自治区（以下简称自治区）西南部，与越南接壤，全县总面积2317.8平方公里，其中耕地面积75万亩，石山面积184.57万亩（占全县总面积53.1%），属典型大石山区。20世纪80年代初，龙州县在实行家庭联产承包责任制过程中，因考虑地力、灌溉、远近等因素，将耕地分成约了300多万个地块，大部分家庭的十几亩承包地则分散成几十块甚至上百块地块，严重阻碍了农业机械耕作，加重了劳动强度，制约了规模化、产业化经营。1999年，龙州县上龙乡上龙村板卜屯通过群众自愿，把原分成约2500多块的零散土地整合成一片500亩的土地，

209

然后按农户原有亩数重新调整土地权属，连片规模化种植香蕉、黑皮果蔗等，提高了经济效益，形成了"小块并大块"耕地整治的雏形。之后，在政府的引导下，周边村屯纷纷效仿，但由于农民资金投入不足，缺少经费支持，该项工作进展较慢。

2008 以来，龙州县借助国家和自治区实施土地整治项目契机，多方筹集资金，解决了"小块并大块"配套设施建设资金不足问题。截至目前，全县 12 个乡镇中已有 9 个乡镇 27 个村 103 个自然屯推行了耕地"小块并大块"优化调整，整治面积 13 万亩，占全县总耕地面积的 17.3%。其中上龙乡 8 个村已有 7 个村 46 个自然屯推行"小块并大块"，优化整合土地3.1 万亩，占该乡耕地总面积的 55%。

二、"小块并大块"耕地整治的主要做法

（一）坚持农民自发、自主、自愿

一是农民自主提出。"小块并大块"耕地整治由农民自主提出、自发组织、自愿投工投劳，各自然屯在决定实施耕地"小块并大块"调整之前，由屯（队）长和党员对实施调整的时间、区域、群众意愿等方面进行初步调查，特别是将群众意愿放在首位，确保"并地"工作获得群众支持；二是召开村民会议。讨论"小块并大块"并地方案、成立工作小组等事宜，并在获得三分之二以上村民同意后方可实施；三是自行组织实施。成立工作组，核实原地块地类和面积，张榜公示，待村民没有任何异议后，由村民自行组织实施；四是分地及登记。并地完成后，按农户人口、并地后耕地面积，采取"抓阄"方式，造册登记签字确认后，由村集体向政府申请换发土地承包经营证、申请奖补资金。

（二）坚持政府服务指导和扶持

一是加强服务。县、乡人民政府积极组织国土资源、财政、农业等部

门帮助农民向上级部门登记、报告，指导农民绘制工程图，协调解决当地农民自发组织耕地整治过程中遇到的困难和问题。二是分类指导。国土资源、农业、水利等部门组成工作组，深入村屯和田间地头开展技术服务，指导农民群众按照相关行业标准和规范进行施工建设，使"小块并大块"耕地整治配套工程合理布局，最大限度地降低各个地块之间的生产条件差异。三是加大扶持。龙州县整合水利、农业和企业支农资金，加大扶持力度，最大限度减少农民投入，有效调动了农民自发整治土地的积极性。四是宣传示范。以土地整治和农田水利项目建设为契机，引导农民参与"小块并大块"耕地整治；以农业产业化、经营规模化的实际效果，激发广大农民对土地整治工作的热情。

（三）适当拓展实施范围

大力支持农业产业龙头企业出资参与，促进农业规模化、产业化发展。例如，彬桥乡两个甘蔗种植大户出资 500 万元，对 5000 多亩土地进行整治，修建了高标准的农田设施；支持和鼓励龙州节节高农业产业开发公司投资 2000 余万元，帮助农民实施土地整治 2 万多亩，并建设了田间道路、水渠、滴灌等设施，实施甘蔗节水灌溉，有效促进了龙州县甘蔗产业化发展。

三、"小块并大块"耕地整治的主要成效

（一）建设时间短

推行"小块并大块"耕地整治，一般情况下，农村经济组织从组织村民讨论"并地"方案，实施"并地"，到分地登记，整个过程最多只需六个月时间即可全部完成，比一般的土地整治项目缩短了一年半的时间。如上龙乡荒田屯，农民自主整治 500 亩土地，从启动到完成修建田间道路、水渠等配套设施，用时仅 1 个多月。

（二）政府投资少

一般情况下，政府投资的土地整治项目一亩投资至少要 2500 元以上。而农民自发开展"小块并大块"耕地整治，既开展了权属调整、土地平整，又相应配套建设了水利、道路等相关农业设施，成本则大大下降，如上龙村把敏屯修建 1000 米的机耕路，仅花 4.2 万元。政府通过补助方式，亩均仅需补助 1000～1400 元即可。

（三）农民实惠多

一是节省了劳动力。例如龙州县农民周鹏权家，以前管理分散的 14 块责任地，至少要四个劳动力，土地整理后并成了三大块，只需要两个劳动力就够了。二是增加了农民收入。例如上龙乡弄农屯完成耕地"小块并大块"调整后，连片种植黑皮果蔗 520 亩，亩产量由 6 吨提高到了 10 吨以上，收入也由原来的每亩 6000 元提高到 10000 元以上，每亩增收达 4000元。三是促进了产业化发展。上龙、龙州、彬桥、水口、逐卜等乡镇，通过土地"小块并大块"耕地整治，建成了 2.5 万亩甘蔗节水灌溉示范基地，提高了龙州县甘蔗生产规模化、机械化、水利化、良种化水平。四是改善了村容村貌。例如上龙乡荒田新村，将"小块并大块"节约的土地经过科学规划后，建设了住宅楼，配套了文化活动室、篮球场等文化活动设施，并通过发展特色农业和旅游业，使农民生活达到了小康水平。

（四）促进职能转变

农民自发进行"小块并大块"耕地整治，农民群众的意愿和主体地位得到充分体现，调动农民群众参与决策、筹资、建设、管护的积极性，促进村民自治，提高基层民主管理水平。改变过去土地整治由"要我建"的被动局面，大大加快了高标准农田建设进度，同时，实现了耕地保护由"要我保"到"我要保"的转变。

四、开展"小块并大块"耕地整治的思考

从龙州县近年来的实践看，结合保护耕地和加快高标准基本农田建设需要，"小块并大块"耕地整治模式还需要加强政府引导，进一步规范管理，形成耕地保护的一种新机制。

一是因地制宜，循序渐进。"小块并大块"耕地整治相比较土地分散承包经营有很多优越性，在西部山区适合推行。因各地思想观念、生产力水平、经济发展状况及人地关系存在很大差异，要循序渐进，一切以稳定农村、综合提高经济效益和社会效益为原则。

二是切实加强政府职能转变。政府相关部门要加强对农民群众的服务指导，制定相应的扶持政策和奖补标准，加强服务监管。各级政府部门可采取"以奖代补"等形式对农民自发组织"小块并大块"耕地整治活动进行奖励和补助，切实让农民群众感受到是在"花国家的钱，办农民自己的事"。

三是切实维护农民权益。开展"小块并大块"耕地整治，土地权属、新增耕地调整是难点，容易引起群众间的纠纷，必须以尊重农民意愿为前提，充分发挥基层民主作用和村民自治，以相关法律及文件为基础，切实维护农民权益，确保社会和谐稳定。

龙州县开展"小块并大块"耕地整治在自治区国土资源、财政、农业等上级部门的大力支持下，贯彻好自治区相关政策，切实转变职能，加强宣传引导，争取再用两年时间，全面完成全县具备"小块并大块"实施条件的耕地整治工作，促进龙州县农业增效、农民增收、农村发展。

积极探索 稳步实施
全力推进治沟造地工作

陕西省延安市人民政府

延安市位于陕北黄土高原丘陵沟壑区，辖 1 区 12 县，总人口 218.9 万人，其中农业人口 153 万人，土地总面积 3.7 万平方公里，人均土地 27 亩，耕地总面积 556 万亩，基本农田保护面积 516 万亩。

一、治沟造地是一举多得的重大举措

所谓治沟造地，是指以修造质量较高的基本农田为目的，对沟道底部进行治理的耕地建设工程。主要建设内容包括四项工程，一是土地平整工程，就是使用工程机械将自然形成的沟道底部土地进行工程平整，根据地形情况对两边沟坡进行适当的切削，用切下的泥土把沟填平，形成平整的沟坝农田；田块的面积、宽度要能够满足大型农用机械操作的需要。二是排洪工程，在平整的坝田中部或边侧，修建排洪渠，平缓地段采用土质渠道，在坡降较大的渠段采用石砌渠道，确保洪水能从沟底一直流到沟口，并保持长久；田块与排洪渠之间，修建一条 20 厘米高的塄坎，以留住雨水，保持墒情。三是水土保持工程，在被切削的裸露坡面，以及其他不能用于耕种的地边、路边、渠边种草植树，以保持水土，防止水土流失；上下田块之间修筑格坝，防止大雨造成连续冲毁的问题。四是道路工程，山坡与田块之间修建 3 ～ 4 米宽的田间道路，农业机械可直接从村里到地头、进田块进行机械作业。

对于陕北地区，治沟造地具有不可替代的重要意义。一是增加基本农田面积；二是提高耕地总体质量水平；三是利于机械作业；四是有利于促进生态建设；五是进行生态农业建设的必然选择。在延安市沟壑地貌、黄土质地、干旱少雨的自然条件下，治沟造地可以大量地促进退耕，恢复植被，改善生态，改善小气候，减少减轻自然灾害的发生次数和程度，是今后农业发展的希望和方向。

二、治沟造地的主要做法

治沟造地的总体要求是必须要以科学发展观为指导，坚持增加耕地数量、提高耕地质量与推进生态环境建设、巩固退耕还林成果相统一，抓住关键，突出重点，稳步推进。

（一）统一组织，加强领导

为了确保治沟造地工作的顺利推进，陕西省政府成立了全省治沟造地工作领导小组，延安市也成立了由市政府主要领导为组长，主管领导为副组长，国土资源、水务、财政、发展改革、农业、林业、环保、扶贫、审计等部门为成员的治沟造地工作领导小组。实行规划、项目、资金、责任"四到县"，夯实了各级政府的主体责任。各县区也成立了相应的组织领导机构，加强对治沟造地工作的建设管理，及时研究解决工作中存在的困难和问题，做好工程建设环境保障。按照陕西省印发的《关于加强全省沟道土地整治工作的意见》、《陕西省沟道土地整治项目申报指南》、《陕西省沟道土地整治项目实施指南》和《陕西省沟道土地整治项目竣工验收指南》等工程技术性规范文件，全面落实了延安市治沟造地工作任务。在具体项目实施中，坚持政府统一领导下的部门协作，国土资源部门主要负责项目前期申报、中期检查、后期验收等方面工作，水务部门主要负责工程规划、实施等环节的技术工作。实践证明，只靠一个单位、部门是难以完成这么重大的工程的。

（二）坚持"五个结合"

一是治沟造地与生态建设相结合。治沟造地要在保护和改善生态环境前提下进行，禁止对已经实施退耕还林的土地进行治沟造地，坚决不能盲目开发，造成新的生态破坏。二是治沟造地与耕地保护相结合。要把治沟造地的土地纳入基本农田保护区内，给予重点保护，要不断提高耕地质量，实现土地资源可持续利用。三是治沟造地与粮食生产相结合。治沟造地的一个重要目的，就是改善粮食生产条件，提高粮食生产能力，为促进供需平衡、保障粮食安全创造有利条件。四是治沟造地与农民增收相结合。各地在治沟造地项目实施过程中，广泛动员农民群众积极参与，因地制宜发展优势特色产业，调整优化农村产业结构，多渠道增加农民收入。五是治沟造地与移民搬迁相结合。各地要因地制宜地做好治沟造地专项规划，并与移民搬迁规划相衔接。对计划实施移民搬迁的区域，不安排治沟造地项目。

（三）实行"四个统一"

治沟造地是一项系统工程，为了确保这项工程顺利实施，陕西省国土资源厅、水利厅、财政厅制订了项目管理办法、技术指导意见、项目申报指南。总体要求是打坝造地、机械入田，留足水道、旱蓄涝排，泥不出沟、两山翠绿、产业配套、增产增收。落实"四个统一"需遵循四个原则，一是统一规划，要根据当地经济社会发展水平，结合土地利用总体规划，科学编制治沟造地专项规划。二是统一标准，质量是治沟造地的生命线，要严格按照陕西省出台的技术标准组织建设，不得随意降低标准，必须确保工程质量达到规定要求。三是统一施工，要严格实行招投标制度，公开选择实力强、业绩好的施工队伍组织施工，严禁项目转包以及高资质、低实力的队伍参与项目建设。四是统一管理，要根据陕西省的管理办法和技术标准，建立健全项目管理细则，切实抓好项目建设与管理工作，不断提升项目建设和管理水平。

（四）确保"三个到位"

一是资金到位。对治沟造地所需的资金，陕西省决定从省级留成的新增建设用地土地有偿使用费中分年度列支，市、县不再安排配套资金。对项目实施涉及的青苗补偿、电力设施配套、通信设施改线等费用，均在项目资金中预算列支。二是技术监督到位。治沟造地项目地点在沟道底部，解决好水的问题至关重要，始终把标准质量放在重要位置进行管理，要求从项目的设计到实施，严把技术质量关，以设计科学规范，实施严格到位，保证农民放心，项目长久。每个项目都有水利方面的专业技术人员坚守岗位，负责处理解决项目实施中的技术问题，起到了很好的效果。三是后期管理到位。项目实施完成经过验收后，交由农村基层组织负责管理使用。耕地的使用权分配、培肥地力、田面及渠道的管护，都要落实到户、到人，使治沟造地项目发挥最大的效益。

三、今后的工作安排

下一步将重点做好五方面工作，一是按照国家土地整治重大项目的要求，进一步修订完善延安市治沟造地规划，确保规划科学合理，具有较强的指导性和可操作性。二是严把工程规划、设计、施工、验收关，确保工程质量。三是合理布设骨干坝和中小型淤地坝，建设高标准的溢洪道和排洪渠，保证行洪安全，确保工程长期发挥效益。四是处理好治沟造地与植被保护的关系，坚持退耕还林地块不修、国有林区和植被覆盖良好的地块不修、地表工程量大而造地面积小的地块不修"三不修"原则，最大限度地保护植被。五是继续加大资金投入和工作力度，完善治沟造地目标责任考核和激励奖惩机制，确保按时完成规划任务。

延安市在治沟造地方面先行了一步，取得了一定成绩，这些都离不开